Martin Ehlers
Baum und Strauch in der Gestaltung und Pflege der Landschaft

Baum und Strauch in der Gestaltung und Pflege der Landschaft

von Martin Ehlers, Landschaftsarchitekt, Hamburg

2. Auflage, neubearbeitet
von Ernst Bittmann, Landschaftsarchitekt, Koblenz

1986 · Mit 208 Abbildungen

Verlag Paul Parey · Berlin und Hamburg

Anschrift des Verfassers:
Prof. Dipl.-Ing. Ernst Bittmann, Landschaftsarchitekt BDLA ADL,
Hochschullehrer i. R.
Karl-Härle-Straße 68, D-5400 Koblenz

CIP-Kurztitelaufnahme der Deutschen Bibliothek

Ehlers, Martin:
Baum und Strauch in der Gestaltung und Pflege
der Landschaft / von Martin Ehlers. – 2. Aufl. /
neubearb. von Ernst Bittmann. – Berlin ; Hamburg :
Parey, 1986.
1. Aufl. u. d. T.: Ehlers, Martin: Baum und Strauch
in der Gestaltung der deutschen Landschaft
ISBN 3-489-64722-X

NE: Bittmann, Ernst [Bearb.]

Einbandgestaltung: Christian Honig, Neuwied (Rhein)

Satz und Druck: Saladruck Steinkopf & Sohn, D-1000 Berlin 36. Lithographie: Carl Kruse, D-2000 Norderstedt. Bindung: Lüderitz & Bauer, D-1000 Berlin 61.

ISBN 3-489-64722-X · Printed in Germany

Vorwort zur 2. Auflage

Da Herr MARTIN EHLERS aus gesundheitlichen Gründen leider nicht in der Lage ist, die 2. Auflage seines so wichtigen Werkes selbst zu besorgen, bin ich seiner und der Aufforderung des Verlages Paul Parey gefolgt und habe diese Aufgabe übernommen.

Dieses Buch soll allen, die an der Gestaltung und Pflege der Landschaft haupt- oder nebenberuflich tätig sind, bei der Analyse und Planung, bei der Ausführung und Kritik von Maßnahmen der Landschaftspflege und des Naturschutzes ein unentbehrlicher Helfer und Begleiter sein. Hier sind sowohl alle freien Landschaftsarchitekten als auch die Bediensteten der gesetzlich in der Landschaft tätigen Fachbehörden und nicht zuletzt die Dozenten und Studenten der entsprechenden Fachhochschulen angesprochen.

Darüber hinaus aber wendet sich dieses Buch an alle, denen — sei es aus Argwohn, aus persönlichem Interesse oder aus echter Naturliebe — die Erhaltung einer ökologisch wie ökonomisch gesunden grünen Umwelt Bestandteil ihrer Lebensqualität geworden ist. Diese bislang kleine Schar von Naturfreunden ist zufolge der in den letzten Jahren eingetretenen Zerstörung und Verödung fast aller Naturlandschaften heute bereits zu einer Bewegung angewachsen, die aufhorchen läßt. Auch diesen Vorkämpfern für ein neues Landschaftsverständnis möge das Buch Anregung, Bestätigung und Wegweiser sein.

Koblenz, Herbst 1985 *Ernst Bittmann*

Aus dem Vorwort zur 1. Auflage

Stadt und Land, Industrie und Technik, Freizeit und Erholung stellen ständig höhere Anforderungen an die Substanz unserer Landschaft. So berechtigt diese im Zuge unserer kulturellen Entwicklung sind, bedeuten sie nicht nur erhebliche Eingriffe in den natürlichen Wert von Boden, Wasser und Luft, sondern auch in den Bestand von Baum und Strauch.
Die deutsche Kulturlandschaft ist aber mit Baum und Strauch auf das engste verbunden, ohne sie undenkbar und uns auch wesensfremd. Seit langen Jahren beobachte und untersuche ich das Wirken und Gestalten des Menschen mit diesem »Werkstoff der Landschaft«. Zu kritischen Feststellungen gibt es dabei unendlich viel Gelegenheit. Doch überall setzt sich die Überzeugung durch, daß zu allem Schaffen in der Landschaft Baum und Strauch gehören und Bestandteil unserer Umwelt sind. Aus diesem Wissen habe ich Inhalt und Methodik des vorliegenden Buches entwickelt.

Mit dem Abschluß dieser Arbeit sage ich denjenigen meinen Dank, die durch ihre Hinweise und Diskussionen zur methodischen Entwicklung des Buches beigetragen haben; zu ihnen gehören die Mitarbeiter meines Büros Fräulein Dipl.-Gärtn. E. TOSPANN, Herr Dipl.-Gärtn. HANS PELTZER sowie Herr HANS JOACHIM SIEDE.

Hamburg, Sommer 1960 *Martin Ehlers*

Inhaltsverzeichnis

Einführung zur 2. Auflage

Es ist das bleibende Verdienst von Martin Ehlers, in einer Zeit des totalen Neubeginns nach dem 2. Weltkrieg die praktischen Erfahrungen und die wissenschaftlichen Kenntnisse der damals noch jungen Disziplin der »Landschaftsgestaltung« in seinem 1960 erschienenen Buch »Baum und Strauch in der Gestaltung der deutschen Landschaft« der Nachkriegsgeneration weitergegeben zu haben.
Er hat sich dabei ganz bewußt mit dem »Werkstoff« landschaftlicher Gestaltung, den heimischen Bäumen und Sträuchern, beschäftigt, zumal man gerade diese überwiegend nichtforstlichen Gehölze bislang als spontane Elemente der Landschaft ansah, hingegen ihre Bedeutung für Entstehung, Entwicklung und Veränderung der bodendeckenden Vegetation noch wenig erkannt hatte.
Bei diesem damals wie heute noch wagemutigen Vorhaben kam es Ehlers besonders darauf an, neben den morphologischen auch die ökologischen Daten der Gehölze vergleichend zusammenzustellen.
Demgegenüber hielt Ehlers Gestaltungsformen, Pflanztechnik, Pflanzpläne, Bodenbearbeitung, Düngung und Pflege, für nachrangig, weil deren Beherrschung erst in der praktischen Berufsarbeit möglich wird, jedoch kaum theoretisch erlernbar ist.
Mit dieser Konzeption hat Ehlers in den vergangenen 20 Jahren vielen Hunderten junger Berufskollegen den Start ins Erwerbsleben erleichtert; inzwischen haben seine Leser längst selbst ihre eigenen Erfahrungen gesammelt und können heute kritisch genug urteilen.

In dem genannten Zeitraum haben sich jedoch gegenüber der ersten Nachkriegszeit auch beträchtliche, unübersehbare Veränderungen eingestellt, so auf staatlichem, wirtschaftlichem und kulturellem Gebiet, insbesondere jedoch auf den verkehrstechnischen, städtebaulichen und industriellen Sektoren.
Ganz neue Wortbilder kennzeichnen diese Entwicklung; Begriffe wie Stadterweiterung, Stadtgrün, Zersiedelung, Altstadtsanierung, Flurbereinigung, Ballungsgebiet, Umweltschutz, Freizeitwert, Lebensqualität, Naherholung, Bürgerinitiative, Lärmschutz, saurer Regen, Campingplatz und viele andere mehr, sind längst in das Bewußtsein der Bürger unseres Landes gerückt.
Dieser rigorose Prozeß der Industrialisierung und Urbanisation ist sicherlich noch nicht abgeschlossen; bei stetiger Weiterentwicklung birgt er jedoch ungewöhnliche Risiken für unsere Lebenswelt, ja sogar die Gefahr irreparabler Zerstörung von Luft, Wasser, Boden, Flora und Fauna — den Grundlagen der menschlichen Existenz.
So stehen sich wohl künftig gegenüber: die raumgreifenden urbanisierten Regionen der Industrie- und Wohngebiete und im Kontrast hierzu die noch naturnahen Regionen mit ihren Laubholzwäldern, Nadelholzforsten, mit ihren Gebüschen, Grasfluren, Wiesen, Weiden und Ackerfluren, mit Bach- und Flußtälern, Auen, Mooren und Heiden, sowie Seen, Weihern, Sümpfen, Brüchen, und nicht zuletzt die montane und alpine Bergwelt.

Längst hat sich in den vergangenen Jahren die Tätigkeit des früheren »Gartenarchitekten« fortentwickelt zur gestaltenden Durchgrünung und Pflege der urbanen Umwelt, zur kommunalen Grünflächenpolitik. Dem Landschaftsarchitekten hingegen, besser wohl dem »Landschaftsingenieur« wird in Anbetracht des Strukturwandels die Aufgabe zuteil, die *naturnahen* Bereiche des Landes zu gestalten, zu erhalten, zu pflegen und solche Flächen auch optisch nur mit heimischen Gehölzen, Stauden und Gräsern zu entwickeln, im Gegensatz zu den Wohngebieten mit ihrem gärtnerischen Pflanzeninventar.

Eine aktuelle Statistik zur Flächennutzung der Bundesrepublik stellt fest, daß heute unsere unbebaute grüne Umwelt immerhin noch mit 55 % landwirtschaftlichen, 30 % wald- und forstwirtschaftlichen, 2 % gewässertragenden, 1 % naturbelassenen und 0,5 % städtischen Grünflächen ausgestattet ist. Demgegenüber nehmen die bebauten Wohn- und Industriegebiete 6 %, die der Verkehrswege aller Art 5 % und das Ödland nur 0,5 % der Gesamtfläche in Anspruch (vgl. Grafik am Ende der Einführung).
Diese Bestandsaufnahme sollte bei allen künftigen Planungen der Landschaftspflege, der Landschaftsgestaltung und des Naturschutzes einbezogen werden; sie wird bei behördlichen und freischaffenden Gestaltern Fehlplanungen vermeiden helfen.

Bewertet man die Umweltqualität der oben genannten Nutzungs-Kategorien, dann sind die Flächen der Landwirtschaft, der Wald- und Forstwirtschaft, die naturbelassenen Bereiche und die städtischen Grünflächen von überragender Bedeutung für die Umweltqualität des ganzen Landes.
Straßen und Wege, Häuser, Fabriken und auch Ödland dagegen tragen zur Erhaltung bzw. Verbesserung der Umweltqualität nicht nur wenig bei, sondern sie beeinträchtigen sie in überaus spürbarer Weise durch Lärm, Licht, Gase und Gifte, Staub und Rauch. Flora und Fauna haben auf derartig degradierten Standorten keine Lebensmöglichkeiten. Auch an den Überlandstraßen, besonders an den Autobahnen der Bundesrepublik, ist die Bepflanzung der Böschungen, von Einschnitten und Dämmen mit Baum und Strauch ein zweifelhaftes Bemühen, weil damit der erwünschte Erosionsschutz nicht nur nicht erreicht wird, sondern wegen der Steilheit der Flächen und wegen der Vernichtung der mühsam ausgesäten Rasenflur in kurzer Zeit zum Musterbeispiel einer Flächenerosion gerät – mit allen Folgen für Boden und Bauwerk.

Die einzige Alternative besteht daher in einer Wildrasenbegrünung und der Weiterentwicklung zu einem Gras-Kräuter-Busch-Komplex, gegebenenfalls durch Unterstützung mit ingenieurbiologischen Sicherungsmethoden.

Die Gewässer aller Art hingegen, mit ihren Ufern, Auen und Quellbereichen verdienen in der Bewertung ihrer Umweltqualität den allerhöchsten Rang *vor* Wald und Forst, vor Moor und Heide, vor Landwirtschaft und urbanem Grün; denn Gewässer sind *echte* Lebensstätten für Flora und Fauna, dazu die angestammten Migrationspfade für Pflanze und Tier wie für den Menschen. Gewässer überziehen unser Land wie das Adernetz ein Blatt. Es

gibt sie überall im Land, und sie sind das Grundelement der Landschaftsgliederung und -gestaltung.
Ausbau, Pflege, Schutz und Nutzung dieser Gewässer werden jedoch bereits seit Jahrzehnten vernachlässigt. Während Straßen und Bahnen aller Kategorien, sowie die Müll- und Abwasserbeseitigung das Budget der öffentlichen Hand Jahr für Jahr aufzehren, verkommen die Gewässer, sofern sie nicht schiffbar sind — also alle Bäche und kleineren Flüsse, alle Weiher und Seen —, durch Seiten- und Tiefenerosion, durch Verschmutzung, Verwilderung, Vergiftung und Verödung.
An allen Gewässern müssen Landschaftsgestaltung, Landschaftspflege und Landschaftsschutz einsetzen und dauerhaft gewährleistet sein, und nicht an den »Straßen«, denn diese, wie auch die Industriegebiete, sind künstliche Gebilde. Unter veränderten Bedingungen können oder müssen sie auch wieder stillgelegt oder gar beseitigt werden.

In Anbetracht der hier skizzierten Perspektive erschien es begründet, die 2. Auflage mit Billigung des Verlages in veränderter Form vorzulegen. Zur Straffung war jedoch eine vereinfachte Gliederung notwendig. Die neue Gliederung aller Textseiten umfaßt:
A. Wuchs, Lebensform, Größe, Morphologie, also »gehölzkundliche Daten«;
B. Klima, Boden, Standortfaktoren, also »ökologische Daten«;
C. Vorkommen, Vermehrung, Eignung, Verwendung, also »Kulturdaten«.

Die Zugehörigkeit zu Pflanzengesellschaften findet der Leser äußerlich verändert, aber inhaltlich in gleicher Form in einer Tabelle wieder.
Die Angaben über handelsübliches Pflanzgut sind in allgemein verbindlicher Form am Schluß des Buches zusammengestellt und nicht mehr wie bisher bei jedem Gehölztext.
Damit wurde soviel Platz gewonnen, daß bei jeder Gehölzbeschreibung Raum zur Darstellung der zugehörigen Blattfotogramme und ggf. für persönliche Notizen der Leser genutzt wurde bzw. genutzt werden kann. Die Vorlagen zu den Abbildungen stammen aus dem Herbar des Bearbeiters oder sind von ihm eigens für diese Auflage geworben worden.

Aufgrund meiner Tätigkeit als Dozent in Berlin und Essen weiß ich um die Schwierigkeit des Lernens und Lehrens von berufsnotwendiger landschaftlicher Pflanzenkunde, Pflanzenverwendung und Pflanzenbaupraxis. Wichtigste Grundlage dafür ist und bleibt die absolut sichere Kenntnis der Pflanzen, hier insbesondere der Gehölze. Einer jahrzehntelangen Erfahrung verdanke ich die Gewißheit, daß zur »Diagnose« von Laubgehölzen, aber auch von Stauden, Kräutern und Gräsern schon das »Blatt« allein genügt. Es ist sozusagen der unverwechselbare »Fingerabdruck«, das Integral jeder Pflanze schlechthin, weit mehr übrigens als Sproß, Blüte, Frucht und Gestalt.
Dieser neu erstellte Bildteil soll als Ergänzung zum Textteil den Studenten wie Dozenten, den Garten- und Landschaftsgestaltern, dem praktischen und planenden Landschaftspfleger, dem Ingenieurbiologen und schließlich allen pflanzenkundlich interessierten Forstleuten, Landwirten, Ingenieuren

und Naturfreunden, die enge kausale Beziehung zwischen Standort und Pflanze, zwischen »Text und Bild« vermitteln.
Auch die Verwandtschaft der Arten und Gattungen sowie das Verständnis für die natürliche Ordnung in der Pflanzenwelt möge damit geweckt werden, zumal das Pflanzensystem im Grunde genommen immer auch ein Ökologiesystem darstellt.

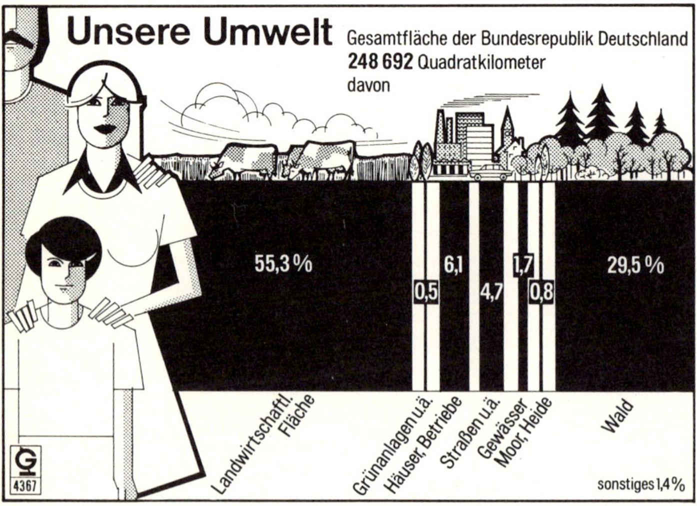

Laubgehölze

Acer campestre Linné

Feldahorn, Maßholder

A Kleiner bis mittelgroßer, bis etwa 15 m hoher Baum, der auf schlechten Böden eher strauchartig wächst. Der Feldahorn ist von allen Ahornarten am trägwüchsigsten. Er bildet starken Stockausschlag.
Das Wurzelwerk dringt mit seinen stark verästelten Herzwurzeln auf lockeren Böden (z. B. Schwarzerde) tiefer in den Boden als etwa im Auenwald, wo es nur den Oberboden intensiv durchwurzelt.
Das Holz ist leicht und weich, aber härter als das der Rotfichte. Da es sehr zäh und fest ist, liefert es die besten Axtstiele und dient zu Drechsler- und Holzschnitzarbeiten. Wie alle Ahornarten ist es als Bauholz nicht geeignet.
Der Feldahorn liefert den Bienen den beliebten Waldhonig (Honigtau an den Blättern). Auch die Blüten sind Bienenweide. Blätter gegenständig.

B Der Feldahorn ist ein winterhartes Gehölz der Tiefebenen und des Hügellandes. Er ist wärmebedürftiger als Spitz- und Bergahorn und kommt hauptsächlich in Südwestdeutschland (Alpen bis 1000 m), weniger in Norddeutschland vor. Er wächst in feuchten Laubmischwäldern der Tiefebenen, in denen er Halbschatten verträgt (Waldränder). Hier bevorzugt er als kalkholdes Gehölz gutdurchlüftete, mineralkräftige Lehmböden und leicht sandige Böden. Auf nassen und staunassen Standorten sowie auf sauren Böden gedeiht er nicht. Sehr trockene Standorte sind ungünstig, da der Feldahorn in der Jugend dürreempfindlich ist.
Der zweite Wuchsbezirk des Feldahorns sind die sonnigen, trockenen, basenreichen Süd- und Südwesthänge des Hügellandes, z. B. Muschelkalk- und Lößlehmhänge. Hier tritt — wie bei vielen anderen Gehölzen — an die Stelle der Feuchtigkeit der höhere Kalkgehalt des Bodens.

C Der Feldahorn ist ein guter Hangbefestiger für Südlagen. Ferner pflanze man ihn an die Ufer schnellfließender Gewässer sowie in niedrige und schmale Schutzpflanzungen, in denen er leicht auf den Stock gesetzt werden kann. Auch ist er als Heckenpflanze, die starken Schnitt verträgt, und als Waldmantelgehölz sehr wichtig. Während viele Ahornarten rauchgefährdet sind, ist der Feldahorn zur Begrünung von Halden in Industriegebieten geeignet.
Reife und Flug des Samens im September–Oktober, etwa 14 Tage nach dem Spitzahorn. Ernte kurz vor der Vollreife. Aussaat im Oktober oder nach dreimonatiger Stratifikation im Februar–März. Keimung nach fünf Wochen.

Acer platanoides Linné

Spitzahorn, Lenne, Leinbaum

A Mittelgroßer bis großer Baum, der nur auf sehr günstigen Standorten mehr als 150 Jahre alt wird. In der Jugend wächst er schneller als der Bergahorn, erreicht aber nicht dessen Höhenwachstum. Stockausschlag nur in der Jugend; er ist allgemein mäßig und hört später auf.
Das Wurzelwerk des Herzwurzlers ist flacher als beim Bergahorn entwikkelt. Trockenere Standorte sowie feinerdereiche Niederungsböden werden — besonders im Stockbereich — intensiv und tiefer durchwurzelt.
Das Holz ist weniger wertvoll als das des Bergahorns. Alle Ahornhölzer gehören wie das der Hainbuche bezüglich der Behandlung zu den empfindlichsten.
Die Frühtracht Mitte April ergibt reichlich Pollen und frischen Honig. Als Bienenweide ist der Baum darüber hinaus bei heißem Wetter im Mai–Juni wegen des Blatthonigs (Honigtau) von Bedeutung. Blätter gegenständig.

B Der Spitzahorn ist — wie z. B. auch die Winterlinde — ein Baum der Ebenen und flachen Lagen, der niedrigen Berg- und Auenwälder des nördlichen und mittleren kontinentalen Klimabereiches. Im Vergleich zum Bergahorn geht er nicht so hoch ins Gebirge hinauf: Erzgebirge bis 600 m, Bayerischer Wald bis 1100 m, Bayerische Alpen bis 1000 m. Er liebt allgemein wärmere Lagen und beansprucht höhere Luftwärme. Gegen Trockenheit, Hitze und Kälte ist er resistenter als der Bergahorn. Der Baum ist ein Halbschattengehölz.
Der Spitzahorn stellt zu seinem Gedeihen recht hohe Ansprüche an die Kraft des Bodens, wobei er frische, lehmige bis lehmigsandige, kalkhaltige Böden bevorzugt. Steinige Standorte sowie Sandböden sind noch geeignet. Er kann auf nahezu allen, auch leichteren Böden, gedeihen, wenn diese nährstoffhaltig sind.
Die oft erwähnte Anspruchslosigkeit des Baumes sollte nicht überschätzt werden. Sie ist eher als eine größere Anpassungsfähigkeit zu bezeichnen, die sich im Vergleich zum Bergahorn sowohl auf geringere Wasseransprüche im Boden als auch auf gelegentliche stagnierende Nässe bezieht, so daß der Baum z. B. kürzere Überflutungen übersteht. Der Spitzahorn versagt aber bei längerer Nässe und Überflutung sowie auf ausgeprägt trockenen Standorten.
Phänologie: Die Blüte erscheint vor der Blattentfaltung im Erstfrühling (Futterrübenaussaat, Spätkartoffelbestellung). Blattentfaltung am Beginn des Vollfrühlings.

C Das Laub des Spitzahorns wirkt stark bodenverbessernd. Es ergibt einen alkalisch reagierenden, wertvollen Kompost und ist Bestandteil gärtnerischer Betriebslauberden.
Für die Bepflanzung bzw. Aufforstung offener Lehmböden, Böschungen und hoher Ufer ist das Gehölz sehr gut geeignet. Der Spitzahorn gehört

auch an das schnellfließende Wasser. Gegen chronische Einwirkung von Rauchsäuren und Gasen ist er empfindlich, sonst aber zur Haldenbegrünung geeignet. Alle Ahornarten sind empfindlich gegen Graswuchs, dulden ihn auch nicht, indem sie die Bodenoberfläche stark beschatten. Sie werden durch das Wild — Reh, Hase, Kaninchen — stark verbissen, wobei auch die Triebspitzen nicht verschont bleiben.
Der Spitzahornsamen reift und fliegt zuerst, oft schon Ende September–Anfang Oktober. Samenbüschel pflücken oder auflesen. Aussaat sofort (Herbstsaat) oder — wie bei der Esche — nach Stratifikation im Februar–April. Alle Ahorne liegen, besonders bei Frühjahrsaussaat, z. T. über und keimen erst im zweiten Frühjahr nach der Reife. Keimdauer: sechs Wochen; Keimfähigkeit: 1,5 Jahre.

Acer pseudoplatanus Linné

Bergahorn, Weißahorn, Weißer Ahorn, Stumpfahorn

A Bis 25 m hoher und bis 500 Jahre alt werdender Baum, der in der Jugend langsam wächst und auch nur in diesem Wachstumsabschnitt zum Stockausschlag neigt.
Die starke, herzförmige Bewurzelung reicht weit und ziemlich tief, so daß der Baum als sturmfest bekannt ist.
Das wertvolle Holz ist weiß, glänzend, hart und schwer. Auch besitzt es einen hohen Brennwert.
Der Bergahorn ist einer der besten Pollen- und Honigspender, weil er nicht nur gute Frühtracht (Entwicklungstracht), sondern auch gute Erntetracht (Sommertracht) liefert. Im Mai–Juni ist der Blatthonig (Honigtau) wertvoll. Die jungen Triebe sind im Alpengebiet beliebtes Viehfutter. Blätter gegenständig.

B Im Gegensatz zum Spitzahorn ist der Bergahorn ein Baum des atlantischen Klimabereiches mittlerer und höherer Lagen des Berg- und Hügellandes in Mittel- und Süddeutschland. Der Bergahorn braucht Wuchsbezirke mit hoher Luftfeuchtigkeit und luftiger Lage. Er liebt kühle, erdfeuchte Standorte, so daß ausgeprägte Südlagen gemieden werden. Die beste Entwicklung findet er in feuchten Gebirgslagen und -schluchten zwischen 900 m und 1500 m: Erzgebirge, Harz und Thüringer Wald bis etwa 800 m, Bayerischer Wald bis 1200 m, Bayerische Alpen bis 1500 m. Der Bergahorn kommt auch im norddeutschen Flachland vor.
Im allgemeinen ist der Bergahorn schattenverträglich, jedoch ist das Lichtbedürfnis in der Jugend größer als im Alter. Der Baum gilt als strahlungsfest. Gegen Spätfröste ist er empfindlich, aber auch bei Frühfrösten leidet er, wenn das Holz bei zu niedriger Sommerwärme nicht genügend ausgereift ist.
Der Bergahorn stellt höhere Ansprüche an den Boden und liebt mineralkräftige, alkalische, tiefgründige, stets frische bis feuchte, gut durchlüftete Standorte. Die Böden müssen »offen« sein. Gegen stagnierende Nässe ist der Baum sehr empfindlich. Auf armen Böden gilt er als Bodenräuber.

C Der Bergahorn ist unentbehrlich zur Sicherung von Schuttböden und Hanglagen, zur Begrünung von Ufern der Gebirgsbäche und in feuchten Gebirgstälern. Er befestigt Rutschhänge, zeigt dann jedoch gern Drehwuchs. An der Waldgrenze im Gebirge ersetzt er als Pionierholzart die Birke, wie er überhaupt für Höhenlagen besonders geeignet ist.
Auch für die Kippen- und Haldenbegrünung kommt er in Betracht, wenn Sicker- oder Rieselwasser vorhanden ist. In rauchgefährdeten Gebieten ist er aber hochempfindlich.
Der Bergahorn ist ein stark schattenspendender Baum. Bei Straßenbepflanzungen ist auch zu beachten, daß beim ersten Frost der Laubfall stark und plötzlich einsetzt. Wildverbißgefährdung wie beim Spitzahorn.

Die Samen reifen und fliegen später als beim Spitzahorn und Feldahorn und bleiben bis in den Winter am Baum. Samenernte durch Pflücken. Aussaat im Herbst oder Februar–April nach Stratifikation, die Saat liegt im letzteren Falle aber meist über. Keimdauer: 4 Wochen, Keimfähigkeit: 1,5 Jahre.

Aesculus hippocastanum Linné

Roßkastanie, Kastanie

A 20–30 m hoher, raschwüchsiger Baum mit weitausladender, stark schattenspendender Krone, der auch im mäßigen Schatten eine noch gut verzweigte Krone ausbilden kann.
Recht flache Entwicklung des Wurzelwerkes, das den Boten gut bindet.
Das Holz ist grobfaserig, weich oder sogar schwammig und von mittlerer Schwere. Da die Haltbarkeit gering ist, gilt es auch als minderwertig.
Die Rinde liefert reichlich Gerbstoff.
Die Früchte können wegen ihres Gehalts von 60–70 % Stärke, 10 % Saponinen, 5–10 % Zucker und 2–3 % Öl eine gewisse industrielle Bedeutung besitzen, ebenso wie die Gallussäure zur Herstellung von Farbstoffen.
Blüten, Rinde und Früchte dienen als Droge, Rinde und Früchte innerlich zur Förderung der Verdauung und gegen Wechselfieber, äußerlich zum Verbinden von Geschwüren, die Blüten als kräftigendes Mittel.
Die Blüten der Roßkastanie gelten als mäßige Bienenweide (Pollenspender), jedoch liefern die klebrigen Knospen Kittharz.
Vor allem aber sind die Früchte wertvolles Futter für Rot- und Damwild sowie für einige Haustiere.

B Das Vorkommen der Roßkastanie reicht bis etwa zu den Mittelgebirgshöhen hinauf. Der Baum stellt nicht geringe Ansprüche an den Standort. Er benötigt humose, lockere und nährstoffreiche Böden. Bestes Wachstum erreicht er auf milden Lehmböden. Die Standorte müssen ausreichende Frische bzw. Bodenfeuchtigkeit besitzen.
Die Roßkastanie gedeiht nicht auf nassen Standorten und bei allgemein hohem Grundwasserstand. Auch auf flachgründigen Böden verkümmert sie. Trockenes Klima und trockene Lagen beeinträchtigen ebenfalls das Wachstum, was sich durch vorzeitigen Laubfall äußert.
Die Roßkastanie stellt geringe Ansprüche an Licht und Wärme. Der Austrieb ist allerdings durch Spätfröste gefährdet. Im höheren Alter ist der Baum nicht windfest, wobei die starken Seitenäste besonders unter Windbruch leiden.
Phänologie: Laubentfaltung am Ende des Erstfrühlings (Spätkartoffelbestellung). Blüte am Beginn des Vollfrühlings (Futterrübenaufgang). Reife Früchte am Beginn des Vollherbstes (Spätkartoffelernte, Aussaat der Wintergerste). Laubverfärbung im Vollherbst (Winterweizenaussaat). Blattfall im Spätherbst (Winterweizenaufgang, Ende der Feldarbeiten).

C Die breite, dichte Krone der Roßkastanie beschattet den Boden auf großer Fläche völlig. Deshalb kommt die Anpflanzung mit anderen Gehölzen nicht in Betracht. Selbst Graswuchs ist unter Kastanien nicht möglich. Bei dem großen Flächen- und Raumbedarf des Baumes beschränkt sich seine Verwendung also auf Einzel- oder Gruppenpflanzung, z. B. für städtische und Dorfplätze, zur Wildfütterung in Wäldern, als Sonnenschutz für

das Vieh, oder auf Standorte, bei denen landwirtschaftliche Kulturen nicht beeinträchtigt werden können. Als städtischer und ländlicher Alleebaum kommt die Roßkastanie nicht in Frage, weil ihre Krone zu breit wächst, die Fahrbahnen zu schlecht abtrocknen und die abgefallenen Früchte die Verkehrssicherheit beeinträchtigen.
Die Roßkastanie ist in rauchgefährdeten Gebieten unempfindlich. Die Triebspitzen junger Pflanzen werden vom Rehwild verbissen.
Aussaat gleich nach der Reife oder nach Stratifikation im März–April. Keimung nach 3 Wochen. Keimfähigkeit: 1 Jahr.

Alnus glutinosa Gaertner

Schwarzerle, Roterle, Bacherle, Eller, Else

A Mittelgroßer Baum mit Höhen bis 25 m. Pyramidenförmige Krone. Bis zum Alter von etwa 60 Jahren sehr starkes Ausschlagsvermögen. Nach mehrmaliger Verjüngung läßt die Ausschlagsfähigkeit allerdings nach. Die Roterle wächst nach der Einwurzelung im ersten Vegetationsjahr sehr schnell.

Stark verzweigtes, tiefgehendes und kräftiges Wurzelwerk. Es bildet den Boden gut und paßt sich den Bodenverhältnissen notfalls an, ist dann aber flacher ausgebildet. Keine Wurzelausläufer bzw. Wurzelbrut. Symbiose mit dem Pilz *Actinomyces alni* (Wurzelknöllchen), der atmosphärischen Stickstoff bindet.

Das leichte und weiche Holz eignet sich besonders für Drechsel- und Schnitzarbeiten, bei Überwasserverwendung ist es ansonsten unbrauchbar. Unter Wasser aber ist es fast unbegrenzt haltbar und für Wasserbauten sowie als Grubenholz sehr gut geeignet. Mit 15–20 Jahren bereits erste Holzsortimente.

Blätter, Rinde und Früchte dienen als Droge, frisch zerquetschte Blätter als Auflage auf Geschwüre, Rinde und Früchte gegen Hals- und Mandelentzündung.

Die Bäume bieten gute Nistgelegenheiten für Wasservögel. Die Samen sind Vogelnahrung. Die klebrigen Knospen geben den Bienen Kittharz. Der Pollen der Kätzchen kann von den Bienen aber nur bei günstiger Witterung ausgenutzt werden.

B Die Roterle ist ein Baum des atlantischen und auch des kontinentalen Klimabereiches. Sie ist wenig wärmebedürftig und unempfindlich gegen Spätfröste. Sie verträgt volles Licht und Halbschatten.

Im Gebirge reicht ihr Vorkommen nicht besonders hoch: Erzgebirge 650 m, Bayerischer Wald und Alpen 850 m. Die Roterle braucht Standorte mit nährstoffreichem, hohem, bewegtem Grundwasser. Sie ist die natürliche Begleiterin der Wasserläufe. Als kalkfeindliches Gehölz meidet sie kalkhaltiges Wasser.

Die Roterle verträgt von allen Holzarten die meiste Bodenfeuchtigkeit, versagt aber auf Böden mit nährstoffarmem Wasser. Ihre Hauptstandorte in Norddeutschland sind Bruchwälder sowie Bach- und Flußufer. Im niederschlagsreichen Süddeutschland wächst sie vorwiegend an Bächen und Flüssen; andere Standorte scheiden aus, wenn das Bodenwasser nicht genügend Nährstoffe enthält. Außerhalb der Vegetationszeit verträgt die Roterle Überschwemmungen. Zeitweilig überschwemmte Ufer sagen ihr als Standort sogar zu.

Tiefgründige Auen- und Bruchböden sowie Schwemmlandböden (Rohauböden) sind die besten Erlenstandorte. Auch feuchte, saure Böden kommen in Betracht. Ungünstig sind strenge und staunasse Ton- und Lehmböden, doch sind die Wurzeln imstande, Tonschichten zu durchstoßen. Auf

ärmeren Böden gedeiht die Roterle noch, ist aber in der Jugend gegen Dürre sehr empfindlich und hat hier einen mit dem Wachstum steigenden Wasserbedarf.
Phänologie: Die Blüte zeigt nach dem Stäuben der Hasel den Beginn des Vorfrühlings an (Beginn der Feldarbeiten).

C Die Roterle ist das wichtigste Bodenschutzgehölz zur Anpflanzung am fließenden Wasser, im Bereich von Überflutungen und Hochwasser sowie auf Uferdämmen. Die Fähigkeit von Erlenbeständen, das Wasser zu »durchkämmen«, schützt den Boden ober- und unterirdisch. Bei flächigen Pflanzungen am besten 3- bis 10jähriger Umtrieb. Junge Pflanzen werden vom Wild verbissen.
Die Roterle erschließt den Boden sehr gut (Wasserpumpe!). Das Laub verwittert sehr schnell und wirkt bodenverbessernd. Sie ist zuverlässiger Erstbesiedler steriler Sande, sekundärer und tertiärer Küstendünen, von Binnendünen, rutschgefährdeter Hänge, von Spülsandflächen, Geschiebe-, von Geröll- und Schotterböden, von Schlackenhalden und Waschbergen. Gegen chronische Einwirkung von Rauchsäuren und Gasen ist sie unempfindlich. Auf ausgeprägten Dürrestandorten versagt die Roterle.
Auf fast allen rohen Böden und für viele Baum- und Straucharten ist die Roterle »dienende Holzart«. Insbesondere bei Schutzpflanzungen in der freien Ackerflur wird von dieser Eigenschaft viel zu wenig Gebrauch gemacht.
Der Samen fällt im Laufe des Winters aus, deshalb Samenernte im November–Dezember durch Pflücken. Klengen, in trockenen Räumen überwintern. Aussaat März–April. Keimung nach 4 Wochen. Keimfähigkeit: 2–3 Jahre.

Alnus incana Moench

Grauerle, Weißerle

A Kleiner bis mittelgroßer Baum mit Höhen bis 20 m. Auch strauchartiger Wuchs. Erreichbares Alter etwa 40–50 Jahre. Bedeutender Stockausschlag. In der Jugend schnellwüchsiger als *Alnus glutinosa.*
Die Ausbildung des Wurzelwerks ist von der Erfüllung ihrer Ansprüche an die Bodendurchlüftung stark abhängig. Allgemein recht flach- und weitstreichende Wurzeln, die mit Stickstoff anreichernden Knöllchenbakterien in Symbiose leben. Auf lockeren Böden geht das Wurzelwerk tiefer. Starker Wurzelausschlag, der lästig werden kann.
Das Holz ist noch leichter und geringwertiger als das der Schwarzerle.
Die Samen dienen als Vogelnahrung.

B Die Grauerle ist ein absolut winterharter Baum des nordkontinentalen Klimabereiches. Sie gedeiht in Gebieten mit kürzeren Vegetationsperioden. Im atlantischen Klimabereich Deutschlands ist sie zwar nicht heimisch, aber trotzdem wuchsfreudig, so daß man die Grauerle als klimatisch anspruchslos bezeichnen kann. Im Erzgebirge steigt sie bis 650 m, im Bayerischen Wald bis 750 m und in den Bayerischen Alpen mit 1400 m wesentlich höher als die Schwarzerle.
Auch edaphisch ist die Grauerle im gewissen Grade anspruchslos und deshalb anpassungsfähiger als die Schwarzerle. Sie gedeiht noch auf trockenen und mageren Böden, selbst auf zähen Tonböden. Ihre besten Standorte sind die Rohauböden der Bach- und Flußbereiche mit gelegentlichen Überschwemmungen, sowie frische bis feuchte Sande mit bewegtem Grundwasser. Die Grauerle ist kalkliebend. Sie meidet saure und ständig zu feuchte Böden (Brücher) und zu wenig durchlüftete Böden (Wurzelbakterien!). Die Grauerle ist ein lichtliebender Baum. In Spätfrostlagen ist sie unempfindlich.

C Wegen ihrer starken Wurzelbrut ist die Grauerle ein vortreffliches Pionier- und Vorwaldgehölz zur Begrünung extremer Standorte wie humusarmer Kies-, Schutt- und Schlackenhalden, von Geröllböden, flachgründigen, steinigen Hängen und Trümmerflächen, von Muschelkalk- und Kalkschotterflächen, aber auch von kalkarmen Sanden, Binnendünen und Spülsandflächen. Die Grauerle ist ferner der geeignete Erstbesiedler und Befestiger von rutschgefährdeten und wasserzügigen Hängen, zumal sie auch als Wasserpumpe wirkt. Sie gehört als natürliches Ufergehölz an die schnellfließenden Bergbäche und -flüsse; der starke Wurzelausschlag wirkt hier im Abflußprofil verdämmend. Das dichte Wurzelnetz schützt den Boden vor Erosion. Allerdings kann der Anbau anderer Gehölze durch das zähe Wachstum der Grauerle wesentlich erschwert werden. Der Anpflanzung der Pappel ist sie nicht im Wege. In der Jugend versagt die Grauerle aber auf ausgesprochenen Dürrestandorten.
Das Laub der Grauerle verwittert langsam, weil es lederartig ist; auch wird

es schnell verweht. Wenn auch die bodenverbessernde Wirkung insgesamt hinter der der Schwarzerle zurücksteht, so gilt sie als Humusspender und — wie erwähnt — als Stickstoffsammler.
Die Grauerle hat sich schließlich als sehr unempfindlich in rauchgefährdeten Lagen und gegen Wildverbiß erwiesen.
Die reifen Zäpfchen müssen ab September bis Dezember gepflückt werden, weil die Samen im Laufe des Winters ausfallen. Zäpfchen klengen. Aussaat ohne Stratifikation im Februar–März. Keimung nach 4 Wochen. Keimfähigkeit: 2–3 Jahre.

Alnus viridis De Candolle

Grünerle, Bergerle, Alpenerle, Laublatsche

A 1 m bis 2 m hohes, strauchartiges Gehölz mit niederliegenden Stämmen. Der raschwüchsige Strauch hat ein gutes Ausschlagsvermögen. Starke, ziemlich flache Ausbildung des Wurzelwerkes, das den Strauch im Boden fest verankert. Wurzelbrut.

B Die Grünerle ist ein winterharter Gebirgsstrauch, der gegen jegliche Witterungseinflüsse nahezu unempfindlich ist. Im südlichen Schwarzwald kommt er bis in Höhen um 1100 m, im Allgäu bis 1900 m vor. Außer seiner subalpinen Verbreitung steigt er auf Lawinenzügen und an Bächen sogar bis an die Baumgrenze hinauf.
Die Grünerle besiedelt kalkarme Steinschuttböden, wie überhaupt das Urgestein. Hier bevorzugt sie frische bis feuchte, kühle und schattige Nordhänge mit bewegtem Grundwasser.

C Die Grünerle ist auf den obengenannten Standorten ein bewährter Bodenverbesserer und widerstandsfähiger Bodenbefestiger. Sie bindet in Bewegung befindliche und wasserzügige Geröllböden und versagt nicht, wenn sie hierbei von Schutt überrieselt wird. Deshalb wird sie bevorzugt als Schutzgehölz in Lawinenzügen und in Steinrutschen verwendet. Auch zur Befestigung feuchter Schieferhänge und zur Haldenbegrünung ist die Grünerle geeignet.
Der Strauch leidet nicht unter Wildverbiß.
Vermehrung wie *A. glutinosa.*

Amelanchier ovalis Medicus

(*Amelanchier vulgaris* Moench — *Amelanchier rotundifolia* Dumont de Courset)

Felsenbirne

A Bis 2,5 m hoher, aufrecht wachsender Strauch, allgemein aber niedriger.
Die Samen haben einen süßen Geschmack und sind genießbar.
Die schwarzen, süßen Früchte gelten als beliebtes Vogelfutter.

B Die Felsenbirne ist ein Trockenheit liebender Strauch der sonnigen und heißen Südhänge in Trockengebieten mit z. B. felsigen Kalkböden und basenreichen Wassermangelstandorten.

C Die Felsenbirne eignet sich hervorragend zur Begrünung von Kalkhängen. Ihre Verwendung erstreckt sich im übrigen entsprechend ihrem natürlichen Vorkommen auf sonnige Standorte an Waldrändern und Gebüschen.
Gegen chronische Einwirkung von Rauchsäuren und Gasen gilt sie als nur wenig empfindlich.
Reife der Früchte im August. Die Ernte erfolgt kurz vor der Vollreife, die Aussaat im August oder nach Stratifikation im Februar bis März. Keimdauer: 1–2 Jahre. Keimfähigkeit: 2 Jahre.

Berberis vulgaris Linné

Berberitze, Sauerdorn

A Bis 3 m hoher Strauch, früh austreibend, Blüten 6zählig in dichtblütigen hängenden Trauben, prachtvoller Blütenschmuck im Juni–Juli. Im Herbst leuchtend rote längliche Beerenfrüchte.

B Heimisch in Südeuropa, bei uns vornehmlich in Süddeutschland, in Hecken, in Gebüschen, an sonnigen Waldrändern, aber auch in lichten Eichen- und Kiefernwäldern.
Die B. liebt warmen, trockenen bis frischen kalkreichen und ausreichend tiefgründigen Lehmboden.

C Der Strauch ist ein Zwischenwirt des Getreiderostes, weshalb seine Verwendung in Getreidebaugebieten untersagt ist, was in den zurückliegenden 20–30 Jahren fast zur Ausrottung dieses wertvollen Strauchinventars geführt hat. Heute ist er nur noch ganz selten in der freien Landschaft allenfalls gelegentlich in Parkanlagen und in Gartenhecken anzutreffen, zumal er sich als Schnitthecke sehr gut eignet. Wegen seiner unter jedem Blattansatz stehenden 3teiligen Dornen ist er auch ein wehrhaftes Gehölz, was ohnehin auch für alle anderen zahlreichen fremdländischen Berberitzen zutrifft, die heute in Dutzenden von Arten und in großen Mengen das »urbane« Gehölzinventar beherrschen.
Die heimische B. verdient es jedoch, schon wegen ihrer Schönheit, ihrem Vogelschutzwert, zumindest in ackerfreien Grünlandgebieten hier und da wieder angepflanzt und somit vor dem Aussterben bewahrt zu werden. Verbreitung durch Vögel, Vermehrung durch Saat.

Betula pendula Roth

Birke, Hängebirke, Warzenbirke, Sandbirke, Weißbirke, Rauhbirke, Harzbirke, Steinbirke, Maienbirke

A Bis 20 m hoher Baum, der ein Alter von etwa 120 Jahren erreicht. Das Ausschlagsvermögen ist gering; es setzt tief am Wurzelstock oder dicht unter der Erdoberfläche an.
Die Birke ist ein Flachwurzler mit großem Wasserverbrauch.
Die Qualität des Holzes hängt stark vom geographischen Standort ab und nimmt nach Norden zu. Das Holz ist mäßig hart, aber zäh und elastisch. Bereits im Alter von 20 Jahren liefert die Birke Sortimente für Drechsler und Wagner. Die Möbelindustrie schätzt das Birkenholz wegen seiner guten Maserung. Im übrigen besitzt es durch die harzreiche Rinde einen hohen Brennwert.
Getrocknete Blätter und Knospen, Rinde und Holz dienen zur Herstellung von Drogen; sie wirken blutreinigend und harntreibend und werden gegen Rheuma und Gicht sowie als Mittel gegen Fieber verwandt.
Der Birkenpollen ist im April von den Bienen begehrt, ebenso der Blatthonig bis Ende Juni.
Die Samen sind Vogelnahrung. Birkenrindenteer wird in der Veterinärmedizin benutzt.

B Die Birke ist ein winterharter Baum, der an Klima und Boden keine besonderen Ansprüche stellt. Sie ist in Norddeutschland zu Hause. In den Mittelgebirgen geht sie bis 500 m, im Bayerischen Wald bis 900 m, in den Alpen bis 1500 m hinauf und hat hier ebenfalls natürliche Wuchsbezirke.
Mit Recht gilt die Birke als anspruchslos. Sie ist verträglich gegenüber sehr trockenen Standorten und Spätfrösten. Ihre Wärmeansprüche sind äußerst gering. Das Blatt der Birke ist winterhart; einzeln stehende Bäume sind gegen Winddruck jedoch empfindlich. Die Birke ist eines unserer lichtbedürftigsten Laubgehölze. Es ist bezeichnend, daß sie weiter als die Kiefer in den Steppenbereich vorzudringen vermag.
Die beste Entwicklung hat die Birke auf trockenen, gut durchlüfteten Sandböden mit gutem Wasserzug, ferner auf frischen, lehmigen Sandböden, sauren Sand- und Sandsteinböden, die sowohl trocken als auch feucht sein können. Auf reinen Kalk- oder Moorböden sowie verdichteten Böden mit stark alkalischer Reaktion gedeiht sie nicht. Sie meidet diese Standorte.
Phänologie: Laubentfaltung am Ende des Erstfrühlings (Spätkartoffelbestellung). Reife Früchte am Beginn des Vollherbstes (Spätkartoffelernte, Aussaat der Wintergerste). Laubverfärbung im Vollherbst (Winterroggenaufgang, Futterrübenernte). Blattfall im Spätherbst (Winterweizenaufgang, Ende der Feldarbeiten).

C Das Wurzelwerk der Birke bindet den Boden gut. Das Laub wirkt bodenverbessernd, so daß auch die Rohhumusbildung nur gering ist. Die

Blätter sind unempfindlich gegen Sandschliff. Diese Eigenschaften machen die Birke zum bevorzugten Erstbesiedler trockener Sandböden, Binnendünen, Rohböden, Ufer, Spülsandflächen, Trümmerschutt- und Schlackenhalden. In rauchgefährdeten Gebieten ist sie ziemlich unempfindlich gegen chronische Einwirkung von Rauchsäuren und Gasen. Unkrautwuchs verträgt sie gut. Auf Bahndämmen gilt die Birke als feuerresistent (auch für Feuerschutzstreifen!).
Die Härte gegenüber Spätfrösten macht die Birke wertvoll als Frostschirm im Vorwald. Hier vergrast allerdings der Boden infolge des starken Lichteinfalls leicht. Die Birke leidet nicht unter Wildverbiß.
Der Samen reift im Juli–August. Die Kätzchen bleiben bis November am Baum und werden in diesem Monat durch Pflücken geerntet. Das Saatgut wird trocken aufbewahrt und im März–April ausgesät. Keimung nach 6–8 Wochen. Keimfähigkeit: 2–3 Jahre.

Betula pubescens Ehrhart

Moorbirke, Haarbirke, Flaumbirke, Ruchbirke, Bruchbirke, Schwarzbirke, Besenbirke

A Bis 15 m hohes Gehölz, das auch strauchartig wächst. Das Ausschlagsvermögen ist groß.
Das Wurzelwerk geht eher in die Breite als in die Tiefe.
Die Eigenschaften und Verwendungsmöglichkeiten des Holzes sind die gleichen wie bei *Betula pendula.*
Der Birkensaft wird ebenso wie der von *Betula pendula* für kosmetische Zwecke verwendet. Auch ist die Benutzung als Droge die gleiche.
Samen reift im Juli–August, die Kätzchen bleiben bis November am Baum und werden dann gepflückt. Das Saatgut wird trocken gelagert, Aussaat: März–April, Keimung nach 6–8 Wochen. Keimfähigkeit: 2–3 Jahre. Auch ohne Eingriff des Menschen sehr starke generative Vermehrung.

B Die absolut winterharte Moorbirke ist in bezug auf das Klima noch anspruchsloser als die Hängebirke. Dieses bestätigt sich vor allem in der Widerstandsfähigkeit gegenüber rauhem Klima. In den Mittelgebirgen steigt sie deshalb etwas höher als die Hängebirke, und im Hochgebirge reicht sie sogar bis fast an die Baumgrenze heran. Hierbei muß aber berücksichtigt werden, daß sie mehr Luftfeuchtigkeit zum Gedeihen verlangt.
Wie bei der Hängebirke sind Lichtanspruch und Windhärte groß. Gegen Spätfröste ist sie noch unempfindlicher. Der Wärmebedarf ist sehr gering. Die Moorbirke benötigt anhaltend feuchte und saure Böden, z. B. anmoorige und Hochmoorböden, Torfböden und bei genügender Feuchtigkeit ärmste Sandböden. Die Rohhumusbildung ist sehr gering. Die Moorbirke ist unempfindlich gegen längere Überschwemmungen und stagnierende Nässe. Im Gegensatz zur Hängebirke wächst sie nicht im steppenartigen Klimabereich.

C Die Moorbirke sollte bei der Begrünung saurer Sand- und Torfböden als Pioniergehölz nicht fehlen. Hier seien z. B. die Geesthänge Norddeutschlands, aber auch die Küstendünen genannt. Beim Pflanzen bzw. Verpflanzen sollte der günstigste Zeitpunkt — nämlich der Beginn des Austriebs — berücksichtigt werden. Der Baum wird vom Wild nicht verbissen. Auch ist er in rauchgefährdeten Gebieten widerstandsfähig.
Vermehrung wie bei *Betula pendula.* Starke generative Vermehrung.
Handelsübliche Pflanzen wie bei *Betula pendula.*

Calluna vulgaris Hull

(*Erica vulgaris* Linné)

Heidekraut, Besenheide

A Zwergstrauch, der 20–80 cm hoch wird. Mit seinen lineallanzettlichen, bis zu 3,5 mm langen Blättern besitzt das Heidekraut einen guten Verdunstungsschutz (xeromorphe Pflanze). Das Ausschlagsvermögen ist sehr groß. Die höchste Wuchsleistung erfährt das Heidekraut im vollen Licht, gedeiht aber noch im lockeren Baumschatten. Durch die Lärche wird es aber völlig unterdrückt.
Rohhumuswurzler mit kräftig entwickeltem Wurzelsystem, das meist einen dichten Wurzelfilz bildet. Die Wurzeln sind mit Wurzelpilzen vergesellschaftet (Mykorrhiza), die den Luftstickstoff binden.
Die Blüten finden als Droge Anwendung und werden in Form von Tee gegen Rheuma und Gicht, Blasen- und Nierenleiden benutzt.
Zur Blütezeit ab Juli ist die Heide eine sehr wichtige Bienenweide. Schafe (Heidschnucken) verbeißen das Heidekraut.

B Das Heidekraut ist ein anspruchsloser, frostresistenter Strauch des ozeanischen Klimabereiches der Ebene und des Gebirges bis über die Baumgrenze. Flächenmäßig größtes Verbreitungsgebiet ist die nordwestdeutsche diluviale Sandlandschaft. Die bedeutendste Ausdehnung nahm das Heidekraut einst in der wintermilden, sommergrünen Laubwaldzone Nordwestdeutschlands. Durch Rodung der Wälder und laufende Verjüngung des Heidekrautes mittels Plaggenhieb, Brand und Schafweide entstanden ausgedehnte Heide-Reinbestände. Die Heide bildete hierbei mehr oder weniger mächtige, sehr saure Rohhumusauflagen. Diese und die hohen Niederschläge in dem bereits von Natur nährstoffarmen Wuchsbezirk förderten die Bodenentwicklung zum Podsol (Ortsteinbildung).
Das Heidekraut gedeiht auf kalk- und nährstoffarmen Sand- und Lehmböden. Auch auf den im Wasserhaushalt sehr uneinheitlichen Hochmooren, die sich tagsüber stark erwärmen, wächst es gut, weil es gegenüber Schwankungen von Wärme und Feuchtigkeit sehr unempfindlich ist. Auch im Mager- und Trockenrasen findet es sich ein. Außer der Mykorrhiza bestimmt auch die Morphologie der Pflanze (sehr kleine Blätter) das Wachstum auf armen und extremen Standorten. Das Heidekraut gilt als typischer Anzeiger für Bodenverarmung, kalkfeindliche und saure Böden.

C Die Begrünung nährstoffarmer Böden durch das Heidekraut nimmt immer mehr an Bedeutung zu. Böschungen, waldfeindliche Standorte, Halden, sogar von Schwermetallböden, können hierdurch eine erste Vegetationsdecke erhalten. Die Begrünung erfolgt durch Pflanzung oder Saat. Mittels Plaggenhieb oder Abmähen werden die Entnahmebestände ein Jahr vorher verjüngt, damit sich die Pflanzen zu einem dichten Rasen entwickeln. (Durch Funkenflug und Brand entstehen auf Bahndämmen

besonders dichte Bestände!) Zur Pflanzung werden alsdann Ballen mit etwa 8 cm Ø gestochen.
Die Aussaat geschieht entweder unter Beimengung von Schafschwingelsaat, wobei letztere solange bodenschützend wirkt, bis die Heide nach etwa drei Jahren den Schafschwingel verdrängt. Zur Aussaat selbst wird samenhaltiges Kraut Ende Oktober–Dezember gemäht und die Begrünungsfläche damit leicht abgedeckt. Aussaat 3–5 Jahre nach der Grasansaat ist ratsam, wenn sich eine dichte Grasdecke gebildet hat und die Humusanreicherung beginnt.
Impfung des Bodens mit demjenigen des Entnahmeortes der Pflanzen fördert das Wachstum (Mykorrhiza).
Es empfiehlt sich, die Heide alle vier Jahre zurückzuschneiden oder sie am besten durch Heidschnucken zu bewirtschaften. Aus Heide-Rohhumus (pH 2,5 bis 4,0) werden gärtnerische Betriebserden hergestellt.
Stecklinge von einjährigen und mehrjährigen Trieben werden im August gesteckt. Auch die Aussaat ist gebräuchlich. Handelt es sich um kleine Nachzuchten, so läßt sich auch das Ablegen durchführen.
Ballenware mit 8–12 Ø und 12–20 Ø.

Caragana arborescens Lamarck

(*Caragana caragana* Karsten)

Erbsenstrauch, Großer Erbsenstrauch

A Bis 6 m hoher, straff aufrecht wachsender Strauch; Stickstoff sammelnde Leguminose.
Die im Mai–Juni erscheinenden gelben Blüten sind Bienenweide. Vogelschutzgehölz. Die Blätter sind paarig gefiedert. Fiederblättchen oben abgerundet.

B Der Erbsenstrauch ist ein sehr winterhartes Gehölz ohne besondere Bodenansprüche. Er wächst noch auf armen und trockenen Böden, gedeiht aber auf etwas bindigen Böden wesentlich besser.
Der Strauch liebt vollsonnige und warme Standorte.

C Die Verwendung des Erbsenstrauches kommt vor allem bei der Erstbegrünung roher Mineralböden, von Spülsand- und Sandflächen und von allgemein ärmeren Böden (z. B. an Uferrändern) in Betracht. Beim nachfolgenden Aufbau standortgerechter Gehölzpflanzungen ist es vorteilhaft, den Strauch zunächst zu erhalten, zumal er bodenverbessernd wirkt und außerdem schattenverträglich ist.
Auf die Möglichkeit der Anpflanzung als Heckenstrauch wird hingewiesen.
Die Aussaat erfolgt im Mai.
Keimdauer: 2–8 Wochen. Keimfähigkeit: 3 Jahre.

Carpinus betulus Linné

Hainbuche, Weißbuche, Hagebuche, Hornbaum

A Die Hainbuche ist ein Baum, der kaum über 20 m hoch wird und ein Alter von 150 Jahren nicht überschreitet. Das Stockausschlagsvermögen ist sehr groß und andauernd, so daß gerade dieses Gehölz einen hohen Grad der Verstümmelung verträgt. In der Jugend wächst die Hainbuche langsam. Das Laub zersetzt sich sehr gut und schnell; es wirkt bodenverbessernd.
Das dichte Wurzelwerk (Herzwurzler) entwickelt sich sehr langsam. Es breitet sich besonders im Auenwald im Oberboden stark aus, paßt sich aber den Standortsverhältnissen durch tiefergehende Durchwurzelung an.
Das Holz ist das härteste und schwerste unter den heimischen Hölzern. Es spaltet sich aber schlecht und gilt in der Behandlung als sehr empfindlich. Trotzdem gibt es gutes Nutzholz ab. Wertvolles Brennholz.
Bedeutendes Vogelschutzgehölz, insbesondere wenn durch Schnitt die Nestbildung erleichtert wird. Die Samen dienen als Vogelnahrung.

B Die Hainbuche ist über ganz Deutschland in den Auen, Talsohlen und an schattenseitigen Hängen verbreitet, wobei sie kontinentaleres Übergangsklima besser verträgt als die Rotbuche. In den Mittelgebirgen steigt sie in Sonnenlagen bis etwa 400–600 m, in den Tälern der Bayerischen Alpen bis etwa 800 m. Sie benötigt eine ausreichend lange Vegetationsperiode. Die Hainbuche gilt deshalb eher als frühfrost-, denn als spätfrostgefährdet. Im übrigen ist sie aber sehr frosthart und gedeiht auf zusagendem Standort noch in Frostlagen und in Frostlöchern. Im kontinentalen Klimabereich kann Winterkälte erhebliche Schäden hervorrufen. Der Baum ist etwas dürreempfindlich.
Die Hainbuche bevorzugt humusreiche, fruchtbare, tiefgründige, mäßig feuchte bis feuchte Lehmböden mit alkalischer Reaktion. Auch kommen tiefgründige Sand-, Kalk- und Tonböden (kalte Böden) in Betracht. Sie verträgt höheren Grundwasserstand, aber nur kürzere Überschwemmungen (Hartholzauen). Gegen Staunässe ist sie empfindlich.
Die Hainbuche gedeiht ferner auf sonnenseitigen, heißen Jura-, Muschelkalk- und Lößhängen, wenn Sickerwasser oder Kalk vorhanden sind. Hier liebt die Hainbuche, die sonst ein Halbschatten- und weniger wärmebedürftiges Gehölz ist, sogar mehr Licht und verträgt u. U. größere Trockenheit. Diese Standorte meidet sie aber bei Fehlen starker alkalischer Reaktion. Ferner mag sie keine flachgründigen Böden, arme und trockene Sandböden, Moorböden und »weiche« Böden.

C Die Hainbuche behält ihr Laub bis zum Frühjahr, wenn sie in der Jugend im Schnitt gehalten (bzw. auf den Stock gesetzt) wird. Sie ist deshalb ein sehr wertvolles Windschutz- und Heckengehölz, zumal die Laubentfaltung etwa zehn Tage eher als z. B. bei der Rotbuche erfolgt. Das Gehölz beherbergt keine Obstschädlinge. Die Triebspitzen junger Pflanzen

werden aber gern vom Rehwild verbissen.
Der Boden wird durch das Wurzelwerk nur mäßig beansprucht. In Ackerbaugebieten und bei Streifenpflanzungen ist Muldenpflanzung vorteilhafter. Boden mit Humus von Hainbuchenstandorten impfen, da die Vergesellschaftung mit Mykorrhiza stark ausgeprägt ist. Zur Verbesserung leichter Böden eignet sich die Hainbuche zusammen mit z. B. Erlen und Weiden sehr gut. Überhaupt dient sie als Amme für andere Gehölze; wenn die A-Horizonte der genannten Böden versauert sind, übt die Hainbuche eine regulierende Wirkung aus.
In Gewässernähe und in Auen — selbst am schnellfließenden Wasser — ersetzt der Baum die Rotbuche, wobei er als Zerteiler des Wassers wirkt, wenn er auf den Stock gesetzt ist.
In rauchgefährdeten Gebieten gilt die Hainbuche als recht empfindlich. Zur Haldenbegrünung (z. B. Waschberge) kommt sie in Betracht.
Samenernte durch Pflücken vor der Vollreife im Oktober oder nach der Reife bis Dezember. Stratifikation 6–8 Monate in mäßig feuchtem Sand. Das Saatgut liegt über, deshalb Keimung frühestens im zweiten Frühjahr nach der Reife. Aussaat mit Fruchthülle im zweiten Herbst oder zweiten Frühjahr nach der Ernte. Auch sofortige Aussaat möglich. Keimdauer etwa 10 Wochen.

Castanea sativa Miller

Eßkastanie, Edelkastanie, Echte Kastanie

A Mittelgroßer bis großer, bis 20 m hoher Baum, der das beachtliche Alter von etwa 500 Jahren erreichen kann. Der Baum, dessen weibliche Blüten sich im unteren und dessen männliche Blüten sich im oberen Bereich des Gehölzes befinden, ist sowohl Wind- als auch Insektenblütler. In den ersten Jahren wächst der Baum langsam, dann aber rascher. Die Ausschlagsfähigkeit ist sehr groß; sie setzt sich tief am Wurzelstock bzw. dicht unter der Erdoberfläche ein.
Der Baum bildet anfangs eine Pfahlwurzel, später starke Seitenwurzeln, so daß er sturmfest ist.
Das feine Holz ist nicht schwer, aber hart. Unter Wasser ist es dauerhaft. Rinde und Holz sind gerbstoffreich und können zum Gerben und zur Herstellung von Gallussäure verwendet werden.
Die wohlschmeckenden Früchte (Kastanien, Maronen) sind in Süddeutschland ein verbreitetes Nahrungsmittel.
Getrocknete Blätter werden gegen Keuchhusten angewandt.
Die Blüten des Baumes dienten im Juni–Juli als Bienenweide.

B Die wärmeren, weinbautreibenden Gebiete Deutschlands im Bergland, am Ober- und Mittelrhein und in der Pfalz stellen die natürlichen Wuchsbezirke der Eßkastanie dar. Hier findet sie das notwendige milde und luftfeuchte Klima. Für die Fruchtreife ist die Befriedigung dieser Ansprüche Voraussetzung. Für das bloße Wachstum und den Holzzuwachs kommt sie allerdings mit weniger Wärme aus. Gegen Hitze und Dürre ist die Eßkastanie ebenso empfindlich wie gegen Früh- und Spätfröste und gegen allgemein niedrige Wintertemperaturen. Die Eßkastanie bevorzugt sonnige Lagen, ist aber auf zusagenden Standorten gleichermaßen Halbschattengehölz.
Zum Gedeihen sind frische, lockere, mineralkräftige Böden Voraussetzung. Die Eßkastanie meidet nasse Standorte. Zu beachten ist, daß sie zu den extrem kalkfliehenden Gehölzen gehört.

C Die Verwendung der Eßkastanie ist z. B. für die Begrünung breiterer Flächen und Waldränder in milden Lagen ohne Spätfrostgefahren — also gerade in Weinbaugebieten — zu empfehlen. Jüngere Pflanzen sind verbißgefährdet.
Ernte der Maronen September–Oktober am Boden. Aussaat sofort oder nach Stratifikation im April. Keimfähigkeit: 6 Monate. Vermehrung auch durch Ableger.

Castanea sativa

Colutea arborescens Linné

Blasenstrauch, Gelber Blasenstrauch

A Bis 4 m hoher, breitwachsender Strauch, dessen Laub sich sehr leicht zersetzt.
Der Blasenstrauch ist eine gute Wildfutterpflanze. Die Blätter sind unpaarig gefiedert, Fiederblättchen oben ausgerandet.

B Der Blasenstrauch ist ein Gehölz, das warme bis heiße, trockene, aber basenreiche Standorte benötigt. In Wuchsbezirken mit Südhängen in Wassermangelgebieten mit flachgründigen Kalkböden (z. B. Rendzinen) ist der Strauch zu Hause. Sein natürliches Vorkommen beschränkt sich in Deutschland auf die entsprechenden Standorte vor allem in Baden, auch in Tirol.

C Die Verwendung des Blasenstrauches sollte bei der schwierigen Erstbegrünung vegetationsloser Kalkhänge bedacht werden. In rauchgefährdeten Gebieten ist der Strauch empfindlich.
Die Aussaat erfolgt im Mai. Das Saatgut keimt bereits nach 4 Wochen. Keimfähigkeit: 3 Jahre.

Cornus mas Linné

Kornelkirsche, Kornelbaum, Gelber Hartriegel, Herlitze, Dirlitze, Dürrlitze, Dirndelholz, Judenkirsche

A Großstrauch oder kleiner, sehr trägwüchsiger Baum mit Höhen von 3–8 m. Im freien Stand wächst der Strauch recht dicht; im Bestand wird er unten meist kahl. Das Ausschlagsvermögen aus dem Stock ist beträchtlich. Der Strauch bildet dichtes Faserwurzelwerk und neigt zu starkem Wurzelausschlag.
Das Holz ist sehr zäh und schwer. Es gilt als eines der schwersten unter den heimischen Hölzern. Für Drechslerarbeiten ist es sehr wertvoll.
Die Früchte sind Vitamin-C-haltig und genießbar. Auch sind sie zur Süßmost-, Likör- und Marmeladenherstellung geeignet. Sie dienen ferner als Droge. Durch die frühe Blüte — je nach Witterung von Februar–April — ist der Strauch eine wertvolle Bienenweide.
Die Vogelwelt und das Wild benötigen die Früchte als winterliche Nahrung.
Blätter gegenständig.

B Die Kornelkirsche findet ihre hauptsächliche Verbreitung sowohl in den Ebenen und Auenwäldern des südlichen Deutschlands als auch auf kalkhaltigen Böden des Hügellandes, auf basenreichen Wassermangelstandorten der Kalk- und Mergelböden (Rendzinen), auf heißen Südhängen und in felsigen Lagen.
Der winterharte Strauch benötigt neben alkalischer Bodenreaktion warme Wuchsbezirke. Er ist schattenverträglich.
In den tieferen Lagen beansprucht er lockere, humose und mäßig feuchte Böden. Hier ist er insbesondere an Waldrändern zu Hause. Je trockener der Standort, um so größer ist der Anspruch an den Kalkgehalt des Bodens.
Phänologie: Die Blüte des Hartriegels erscheint am Ende des Vorfrühlings (Sommerweizenaussaat). Reife Früchte zeigen das Ende des Frühherbstes an.

C Die Kornelkirsche eignet sich sehr gut zur Anpflanzung niedriger Hecken. Für diesen Zweck und für kleinere Pflanzungen ist sie auch im norddeutschen Raum gut brauchbar. Für die Begrünung von Trümmerflächen ist sie wichtig. Fast alle *Cornus*-Arten sind gegen chronische Einwirkung von Rauchsäuren und Gasen empfindlich und deswegen nicht industriefest. Sie leiden nicht unter Wildverbiß.
Nach der Reife der ovalen, kirschroten Früchte im September wird der Samen ausgewaschen. Weil der Samen fast immer überliegt, soll die Aussaat erst nach Stratifikation bis zum zweiten Frühjahr im März oder im folgenden Herbst erfolgen. Die Herbstsaat keimt im Frühjahr, jedoch schlechter als bei *Cornus sanguinea.* Keimdauer und Keimfähigkeit: 1–2 Jahre.

Cornus sanguinea Linné

Hartriegel, Roter Hartriegel, Roter Hornstrauch

A Langsamwüchsiger, bis 5 m hoher, breitwachsender Strauch mit reichlichem Stockausschlag sowie der Fähigkeit, sich durch Absenker auszubreiten.
Der Strauch erschließt den Boden mit seinem dichten Faserwurzelwerk und neigt zu Wurzelausläufern.
Das Holz ist nicht so schwer wie das von *Cornus mas.* Es ist jedoch wertvoll und wird für Drechslerarbeiten besonders geschätzt.
Die Früchte enthalten bis 30 % Öl, das als Speiseöl verwendbar ist.
Kommt der Strauch an Wasserläufen und Teichen vor, so bietet er gute Nistgelegenheiten für Wasservögel. Außerdem ist er wegen seiner Beeren ein begehrtes Vogelnährgehölz. Für die Bienen bedeutet der Strauch eine hervorragende Trachtpflanze. Blätter gegenständig.

B Der Hartriegel ist ein winterharter Strauch, der in der Ebene, im Hügelland und im Gebirge weit verbreitet ist. Seine besonderen Standorte sind die Ränder von Wasserläufen und Teichen, ferner Rohauböden der Bach- und Flußbereiche sowie sonnige Wassermangelstandorte mit basenreichen Böden (z. B. Rendzinen) und heiße Südhänge in Trockengebieten. Der Strauch verträgt starke Beschattung. Gegen Früh- und Spätfröste ist er empfindlich.
Die Ansprüche an den Boden sollten nicht unterschätzt werden. Der Hartriegel benötigt zu gutem Gedeihen kräftige, frische bis feuchte, lockere Böden mit alkalischer Reaktion. Sind die Standorte trockener, so muß der Boden um so kalkhaltiger sein.

C Die Verwendung des Strauches an schnellfließenden Gewässern sei besonders erwähnt. Doch auch auf Trümmerflächen und in breiteren Pflanzungen wächst der Hartriegel gut.
Gegen chronische Einwirkung von Rauchsäuren und Gasen ist der Strauch nur wenig empfindlich. Auch leidet er nicht unter Wildverbiß.
Die Vermehrung erfolgt nur durch Sämlinge. Reife der blauschwarzen Steinfrüchte im September. Die Früchte werden ausgewaschen und stratifiziert. Die Aussaat soll entweder im Frühjahr nach halbjähriger Stratifikation oder nach einem Jahr im Herbst erfolgen. Keimdauer: 1–2 Jahre, also z. T. Überliegen der Saat. Keimfähigkeit: 1–2 Jahre.

Corylus avellana Linné

Hasel, Haselnuß, Waldhasel

A Bis 7 m hoher Großstrauch mit starkem Stockausschlag, der sehr tief am Wurzelstock oder dicht unter der Oberfläche ansetzt.
Die Hasel entwickelt ein weites Wurzelsystem, welches den Boden gut erschließt. Wurzelausschlag und Stockloden sind früher mannbar als Sämlingspflanzen.
Das Holz ist weich, sehr zäh, aber wenig dauerhaft. Es wird leicht stockig und brüchig. Es findet z. B. bei der Herstellung von Faßreifen und Holzkohle Verwendung. Maserige Wurzeln ergeben ein gutes Drechslerholz.
Die Früchte enthalten Vitamin A und B sowie 50–60 % Öl.
Von Januar bis März sind die Blüten erste Pollenspender für die Bienen, sie können aber nur bei günstiger Witterung ausgenutzt werden. Der Pollen enthält bis zu 30 % Eiweiß. Der Strauch ist ein wichtiges Vogelnährgehölz.

B Die Hasel ist ein Strauch der Auen und der Ebenen, aber auch der warmen, trockenen Hanglagen in Kalkgebieten. In den Alpen reicht das Vorkommen bis etwa 1800 m. Die Hasel liebt milde Winter und viel Niederschlag.
Das Lichtbedürfnis ist — ähnlich wie bei der Eiche — hoch, jedoch verträgt die Hasel als fakultative Schattenpflanze noch leichten Schatten.
Feuchte, gut durchlüftete, warme Böden mit Humus- und Lehmgehalt und alkalischer Reaktion sind Voraussetzung für gutes Wachstum. Sind die Standorte trockener, dann ist starke alkalische Bodenreaktion erforderlich. Auf armen Sandböden und sumpfigen Standorten mit saurer Bodenreaktion gedeiht die Hasel nicht.
Phänologie: Das Stäuben der Kätzchen zeigt den Beginn des Vorfrühlings an.

C Die Hasel ist eines der wichtigsten Gehölze für die Anlage streifenartiger Gehölzpflanzungen. Gerade wegen ihrer großen Windhärte und ihrer Fähigkeit, immer wieder aus dem Stock auszuschlagen, ist sie in den Küstengebieten und in den dort erhaltenen Knicklandschaften überall anzutreffen. Als Unterholz im Wald wird sie forstlich weniger geschätzt, dafür aber ist die Hasel im Waldmantel unerläßlich. In Brüchern gedeiht sie auch bei starker Krautdecke.
Die Hasel ist ein sehr guter Bodenbefestiger. Ihr Laub verrottet schnell und wirkt bodenverbessernd. In rauchgefährdeten Gebieten ist die Hasel empfindlich.
Reife und Ernte (Pflücken) der Haselnüsse im September–Oktober. Aussaat im Oktober–November nach kurzer Stratifikation. Trocken aufbewahrte Nüsse keimen spät oder liegen über. Keimfähigkeit: 1½ Jahre. Vermehrung der großfrüchtigen Kultursorten durch Absenker im November.

Cotoneaster integerrima Medicus

(*Cotoneaster vulgaris* Lindlev)

Zwergmispel, Bergmispel, Steinmispel

A Bis 2 m hoher, breitwachsender Strauch.

B Die Zwergmispel ist ein sehr winterharter Strauch sonniger, felsiger Standorte, heißer Südhänge in Trockengebieten und steiniger Plätze in Laubwäldern. In den Alpen reicht das Vorkommen bis etwa 2000 m hinauf. Die Zwergmispel bevorzugt kalk- und basenreiche Wassermangelstandorte.

C Der Strauch ist ein Pioniergehölz für trockenste Südhanglagen in Kalkgebieten. In rauchgefährdeten Bezirken ist er gegen chronische Einwirkung von Rauchsäuren und Gasen nur wenig empfindlich.
Die Ernte der Früchte erfolgt bei Vollreife. Aussaat im Januar bis Februar nach Stratifikation. Die Saat keimt im April. Keimfähigkeit: 2 Jahre.

Crataegus monogyna Jacquin

(*Crataegus monogyna* Linné)

Weißdorn, Hagedorn, Mehlstrauch, Eingriffliger Weißdorn

A Dorniger, bis 4 m hoher, selten baumartiger Strauch, der sehr ausschlagsfähig ist und nur träge wächst.
Der Weißdorn bildet ein weitverzweigtes, tiefgehendes Wurzelwerk mit sehr langen, wenig verzweigten Wurzeln.
Das Holz ist hart und schwer. Es ist für Drechslerarbeiten, Maschinenbauer und Werkzeugfabriken wertvoll. Das Strauchwerk wird in Gradierwerken benötigt.
Das Fruchtfleisch kann zur Herstellung von Wildfruchtmarmeladen verwandt werden. Getrocknete Früchte und Blüten dienen als Droge gegen hohen Blutdruck und hohen Puls sowie zur Verbesserung der Herztätigkeit.
Für den Vogelschutz und als Wildgehege ist der Weißdorn unentbehrlich, da er sichere Brutstätten für Busch- und Bodennister bietet. Die Beeren sind Vogelnahrung. Die Blüten liefern in Mai–Juni Nektar und Pollen.

B Der Weißdorn ist ein winterharter Strauch der Auenwälder, Ebenen, Gebüsche und Waldränder sowie der sonnigen Hänge in Gebirgslagen bis etwa 900 m. Der Strauch verträgt hohe Lufttrockenheit und windgefährdete Lagen. Sein bestes Wachstum erreicht er auf tiefgründigen, nährstoffreichen und kalkhaltigen Böden, insbesondere wenn die Wurzeln Anschluß an das Grundwasser finden. Er gedeiht nicht bei zu hohem Grundwasserstand und auf zu leichten Böden.
Alkalische Bodenreaktion ist unerläßlich. Je sonniger und trockener der Standort ist, um so mehr muß das Kalkbedürfnis befriedigt sein. So gedeiht der Weißdorn z. B. in Trockengebieten auf basenreichen, sonnigen und flachgründigen Wassermangelstandorten ebensogut wie im Halbschatten der Auenwälder (fakultative Schattenpflanze).
Der Eingriffige Weißdorn ist anspruchsloser als *Crataegus oxyacantha,* wobei allerdings zu bedenken ist, daß zwischen beiden Arten meist Bastarde bestehen.
Phänologie: Der Weißdorn blüht gegen Ende des Vollfrühlings (Frühkartoffelaufgang).

C Der Weißdorn eignet sich sehr gut zur Befestigung von Sand- und Rohböden, von Eisenbahndämmen sowie für niedrige Schutzpflanzungen in der Flur an Stelle von Schneezäunen, ferner zur Haldenbegrünung (Waschberge) und für Trümmerflächen, zumal er gegen chronische Einwirkung von Rauchsäuren und Gasen nur wenig empfindlich ist. Auch ist er an Bahnstrecken unempfindlich gegen Funkenflug. Zur Begrünung von Muschelkalkstandorten hat sich die Einsaat von stratifiziertem Saatgut zusammen mit Hundsrosen- und Schlehdornsaat bewährt.
Der Obstbau wendet sich gegen die Verwendung des Weißdorns in Obst-

baugebieten, da er Brutstätte für alle Obstbaumschädlinge (Gespinstmotte, Schwammspinner usw.) sein kann; hierbei sollte jedoch bedacht werden, daß sich die Vogelwelt in Weißdornbüschen ausgesprochen sicher fühlt. Für geschnittene und ungeschnittene Hecken ist der Weißdorn deshalb nach wie vor wertvoll. Abgeschnittene, dornige Triebe können als Schutz gegen Wildverbiß an Obst- und Pappelpflanzungen benutzt werden.
Die Rinde leidet unter Wildverbiß durch Reh, Hase und Kaninchen.
Reife im September–Oktober. Ernte der Apfelfrüchte (*C. monogyna* mit einem Kern, *C. oxyacantha* mit zwei Kernen) kurz vor der Reife. Die Früchte werden zerstoßen, die Samenkerne ausgewaschen und stratifiziert. Aussaat im Frühjahr oder im folgenden Herbst. Die Saat keimt allgemein im Mai des zweiten Jahres, kann aber auch länger überliegen. Keimfähigkeit: 3 Jahre.

Crataegus oxyacantha Linné

Zweigriffliger Weißdorn, Stumpfblättriger Weißdorn

A Der Strauch wächst nicht so stark wie der Eingrifflige Weißdorn.

B Er bevorzugt feuchtere Böden des Küstenklimas einschließlich entsprechender Standorte in den Küstendünen. Nach eigenen Beobachtungen (des Bearbeiters) sind in Westdeutschland die Standorte des Zweigriffel-Weißdorns deutlich von denen des Eingriffel-Weißdorns getrennt. Besonders im Rheinischen Schiefergebirge ist *C. oxy.* in den Höhenlagen über 200 m deutlich vorherrschend, während *C. mon.* die planaren Gebiete darunter, die Täler und Auen besiedelt. Die ganz natürliche und häufige Bastardierung der beiden Arten verwischt oft die natürliche Grenze zwischen ihnen, zumal bei allen mir bekannten Pflanzungen in der freien Landschaft wie auch im urbanen Bereich fast immer nur der Eingriffel-Weißdorn verwendet wird.

C Ganz bestimmt aber ist der Zweigriffel-Weißdorn für härtere Klimalagen besser geeignet, was auch erklärt, warum er, wie oben vermerkt, im windgefährdeten Küstengebiet der Nordsee offensichtlich ein besseres Fortkommen aufweist als *C. mon.* Ebenso wertvoll für Vogel- und Tierschutz wie der andere Weißdorn. Vermehrung und Verwendung wie Crataegus monogyna.

Cytisus scoparius Link

(*Sarothamnus scoparius* Wimmer — *Spartium scoparium* Linné — *Genista scoparia* Lamarck)

Besenginster, Besenstrauch, Besenpfriem, Hasenheide

A Bis 2 m hoher Strauch, in mildem Klima und auf fruchtbaren Böden auch baumartig.
Tiefgehende, kräftige Pfahlwurzel und weitstreichende Seitenwurzeln, die den Boden gut binden. Bekannt ist die bodenverbessernde, Luftstickstoff anreichernde Tätigkeit des *Bacterium radicicola,* das in Wurzelknöllchen lebt.
Die Bastfasern können einen brauchbaren Spinnstoff liefern.
Getrocknetes Kraut dient als Droge und wirkt harntreibend sowie herzberuhigend.
Zur Blütezeit im Mai ist der Besenginster ein starker Pollenspender und deshalb als Bienenweide wertvoll. Reh und Hase benutzen ihn als Wildäsungspflanze.

B Der Besenginster ist ein Strauch der Ebenen und der niedrigeren Gebirgslagen im atlantischen und subatlantischen Klimabereich (Kiefernwälder, Heiden, Wegränder und Hänge). In kalten Wintern ist er empfindlich; er friert dann oberirdisch völlig ab, doch schlägt er meist wieder aus. Im Freistand ist er besonders frostgefährdet — auch gegen Früh- und Spätfröste! Der Besenginster ist eine Lichtpflanze und liebt sonnige Plätze.
Die Ansprüche an den Boden dürfen nicht unterschätzt werden. Der Strauch braucht anlehmige, gut durchlüftete Böden mit saurer Reaktion. Der Besenginster ist eine extrem kalkfliehende Pflanze. Nasse, torfige Böden sind wachstumsfeindlich (Gerste und Hafer als kalk- und feuchtigkeitsliebende Kulturpflanzen wachsen deshalb nicht auf Besenginster-Standorten). Der Besenginster meidet nährstoffarme, feste Sande und karge, häufig podsolierte Böden. Er gedeiht aber auf durchlüftetem Flugsand (Binnendünen), sandigen, kalkarmen Böden und entsprechenden felsigen Buntsandsteinstandorten.
Phänologie: Die Blüte erscheint zur Zeit des Vollfrühlings (Frühkartoffelaufgang).

C Der Besenginster ist ein wichtiges Pioniergehölz und zusammen mit Birke, Eiche, Aspe, Vogelbeere und Roterle Erstbesiedler basen- und nährstoffarmer Rohböden. Ferner dient er als Bodenbefestiger und bodenbedeckendes Gehölz für Aufschüttungen, Binnendünen u. ä. Der Strauch ist unduldsam gegen andere Holzarten. Deshalb müssen andere Gehölze rechtzeitig eingebracht werden. Besenginsterbestände fangen leicht Feuer, treiben dann nicht wieder aus und sollten wegen der Brandgefahr an Eisenbahnstrecken nicht geduldet werden.
Die Schonung des Besenginsters in Vorwäldern ist erwünscht, weil gerade

ärmere Böden durch ihn mit Stickstoff angereichert werden. Außerdem ist er Unkrautvernichter. Bei Aufforstungen extremer Standorte sollte er vereinzelt als Zwischenpflanzung verwendet werden. Bemerkenswert ist, daß er am Fuße der Eiche gut gedeiht und gleichsam als deren Hilfspflanze gelten kann.
Der Besenginster neigt im Reinbestand zur Massenentwicklung. Zur schnellen Begrünung empfiehlt es sich, sofort nach der Ernte auszusäen. Es ist zu beachten, daß der Same z. T. erst im zweiten Jahr aufläuft. Als Begleitpflanze sollte die perennierende Lupine mit ausgesät werden.
Der Besenginster wird an Rinde und Triebspitzen oft sehr stark durch Reh, Hase und Kaninchen verbissen.
Der Same ist reif, wenn sich die Hülsen schwarz färben. Nach der Ernte im August trocknen und aufreißen. Samen kühl und trocken aufbewahren. Vor der Aussaat anquellen. Aussaat im Mai des nächsten Jahres. Keimdauer etwa 3 Wochen. Der Samen hat eine ungewöhnlich lange Keimfähigkeit: bis zu 25 Jahren.

Euonymus europaea Linné

(*Evonymus vulgaris* Miller)

Spindelstrauch, Europäischer Spindelbaum, Pfaffenhütchen, Pfaffenkäppchen, Mitschelesholz

A Kleiner Baum, meist aber bis 6 m hoher Strauch mit großem Ausschlagsvermögen.
Dichtes Faserwurzelwerk.
Das sehr harte Holz wird vom Drechsler, Instrumentenbauer, Feinmechaniker und Uhrmacher verwendet. Auch dient es zur Herstellung von Zahnstochern, Schuhstiften, Spindeln u. ä. Ferner kann daraus Zeichenkohle (Fousain) und aus der Wurzelrinde Guttapercha zu Isolierzwecken (Kabel) gewonnen werden.
Die Samen enthalten ein bitteres, Brechreiz erregendes Öl und sind giftig. Die Beeren sind ein begehrtes Vogelfutter (Rotkehlchen!). Die natürliche Verbreitung wird dadurch sehr gefördert.

B Der Spindelstrauch ist ein Gehölz der Tiefebenen (Auen), des Hügellandes und der Vorberge, wo er in lichten Wäldern und an Waldrändern zu Hause ist. Er gedeiht sowohl auf sonnigen als auch auf halbschattigen Standorten.
Der Spindelstrauch bevorzugt kalkreiche Böden und fruchtbare, frische bis feuchte Standorte. Er gedeiht deshalb am besten auf anlehmigen bis mittelschweren Böden mit alkalischer Reaktion.

C Der Spindelstrauch gehört zu den Wirtspflanzen der Schwarzen Rüben- und Bohnenlaus *(Doralis fabae)*, die mit ihrer saftsaugenden Tätigkeit den Erreger der Vergilbungskrankheit der Rüben (Zucker- und Futterrüben, Mangold, Rote Rüben, Spinat, Gartenmelde) durch Infektion der Blätter überträgt. Der Virus breitet sich dann auf die ganzen Pflanzen aus. Die Eier der Blattläuse überwintern an den Knospen des Strauches. Der Spindelstrauch sollte deshalb in Hackfruchtgebieten nicht in größerem Umfange angepflanzt oder geduldet werden. Siehe Flugblätter Nr. 13 und 32 der Biologischen Bundesanstalt.
Reife des Samens im August–Oktober. Ernte der rosenroten Kapselfrüchte nach der Reife. Aussaat sofort oder nach Stratifikation im Frühjahr. Auch ist Stratifikation ab Mai und Herbstaussaat möglich. Der Samen liegt stets 1–2 Jahre über.

Fagus silvatica Linné

Rotbuche, Buche

A Bis etwa 25 m hoher Baum, der allgemein ein Alter von 120–150 Jahren erreicht. Er wächst in den ersten fünf Jahren sehr langsam. Der Stockausschlag ist im Gegensatz zu Eiche und Hainbuche unbedeutend. Erwähnt sei, daß 10–18 % der Niederschläge von der dichten Krone zum Stamm abgeleitet werden.
Das Herzwurzelsystem erschließt den Oberboden intensiv. Die Wurzeln meiden verdichtete Schichten, so daß der Baum zum Flachwurzler werden kann.
Das Holz ist hart und fest und zählt zu den schwersten Hölzern. Es ist kurzfaserig, was sich beim Wechsel zwischen trockenem und nassem Zustand ungünstig auf die Dauerhaftigkeit auswirkt. Unter Wasser aber ist es sehr dauerhaft. Im übrigen wird es vielseitig als Nutzholz in der Stellmacherei, zu Eisenbahnschwellen, Holzpflaster und Parkett, ferner in der Industrie zur Herstellung von Holzessig verwendet. Der Brennwert ist hoch.
Die Früchte enthalten bis zu 22 % Öl, das ungereinigt als Brennöl benutzt werden kann. 50 kg Bucheckern liefern 10 l Öl.
Droge: Getrocknete Blätter als Hausgetränk, das Teeröl des Holzes äußerlich bei Hautleiden, Gicht und Rheuma.
Das gereinigte Öl der Bucheckern hat einen nußartigen, süßlichen Geschmack und dient der menschlichen Ernährung.
Die Preßrückstände aus der Ölbereitung (Ölkuchen) sind für Pferde giftig.

B Die Buche stellt als Baum des atlantischen und Übergangsklimas besondere Ansprüche an Wärme, Feuchtigkeit und Boden. Sie ist sowohl in der Ebene (Küste) als auch im Hügel- und Bergland beheimatet. In den Mittelgebirgen steigt sie bis in Höhen um 700–1000 m, im gemäßigten Klima der Alpen bis 1300 m hinauf. Im trockenen kontinentalen Klima fehlt die Buche, weil sie empfindlich gegen Trockenheit, Hitze und Dürre ist.
Durch ihre Frostempfindlichkeit wird ihr Wuchsbezirk eingeschränkt. Hohe Winterkälte (unter minus 30 °C) verursacht Absterben der Kronen. Spätfröste schädigen in der Jugend den Haupttrieb und hemmen das Wachstum jahrelang. Dieses tritt vor allem in tiefliegenden Ebenen und in Hochgebirgslagen auf. Die Buche benötigt zu ihrem Gedeihen warmes Klima. Je höher der Standort, um so stärker werden Südost- und Südstandorte gegenüber West- bis Nordlagen bevorzugt. In Hochlagen sind auch wärmere Kalkböden begehrter. In Tieflagen ist dies eher umgekehrt und hängt auch mit dem Feuchtigkeitsbedarf zusammen.
Für das Wachstum ist die Feuchtigkeit entscheidend. Sieben Regentage während eines Sommermonats (Niederschlagsminimum 600–700 mm) sind am günstigsten. Bei Sommertrockenheit und in niederschlagsarmen Gebieten leidet ihr Wachstum. Gegen Überschwemmungen, hohes Grundwasser und Staunässe ist die Buche empfindlich (keine Auenstandorte!).

Die Buche benötigt in der Jugend viel Schatten. Im Alter ist sie ein starker Schattenspender.
Die Buche bevorzugt gleichmäßig durchfeuchtete, mäßig lockere, mineralkräftige Böden. Sie gedeiht gut auf Urgesteinsböden und zeigt optimales Wachstum auf warmen Kalkböden. Auf trockenen, armen Sanden, strengen und kalten Lehm- und Tonböden und auf sauren Böden gedeiht sie nicht.
Phänologie: Blattentfaltung am Beginn des Vollfrühlings. Blüte im Vollfrühling. Reife der Früchte am Beginn des Vollherbstes. Laubverfärbung im Vollherbst. Laubfall bei Aufgang des Winterweizens und gegen Ende der Feldarbeiten.

C Große Kampfkraft der Buche an der Küste und im Gebirge. Zur Bepflanzung nicht zu steiler Böschungen, von Hangschutt-, Geröll- und Trümmerflächen und von Spülfeldern geeignet. Auf armen Böden Krüppel- und Drehwuchs. Die Buche wirkt bodenbindend und auf Kalk und in Nadelwäldern bodenverbessernd. Gute Laubzersetzung auf basischen Standorten. Im Seeklima und auf Nordwest-Regenseiten starke, im gemäßigten Klima geringe Rohhumusbildung. Bei Pflanzung Schirm geben. Im Alter und im Reinbestand unterwuchsfeindlich. In der Jugend Wildverbiß. Gegen chronische Rauchsäuren- und Gaseinwirkung empfindlich. Als Heckenpflanze schnittverträglich. Das Laub ist wichtiger Bestandteil gärtnerischer Betriebslauberden.
Abfallen der Bucheckern ab September, Samenernte durch Auflesen nach der Reife Ende Oktober. Nicht trocken aufbewahren. Herbstsaat nach einmonatiger Stratifikation oder Ende April bis Anfang Mai nach längerer Stratifikation. Keimfähigkeit: 6 Monate.

Fraxinus excelsior Linné

Esche

A 30–40 m hoher Baum mit lichter Krone. Die Ausschlagsfähigkeit ist im schnellen Jugendwachstum groß, läßt aber bald nach.
Die Esche ist ein Herzwurzler; ihr Wurzelwerk ist extensiv. Sie bildet in der Jugend eine tiefergehende Pfahlwurzel, aber viel weitstreichende Seitenwurzeln aus; diese verzweigen sich bürstenartig und sind reich an Faserwurzeln, die den Boden sehr gut binden. Besonders im Auenwald und auf anderen feuchten Standorten kann die Durchwurzelung des Bodens ausgesprochen flach und weitstreichend sein. Die Windfestigkeit hängt also stark vom Standort ab. Winterknospen schwarz, gegenständig.
Das Holz ist ziemlich hart und zählt zu den schwersten und wertvollsten Nutzhölzern. Es ist sehr zäh, fest, biegsam und tragfähig. Im Maschinenbau, Wagenbau, in der Möbelindustrie und für Drechslerarbeiten findet es vielfältige Verwendung. Es besitzt einen hohen Brennwert.
Drogen: getrocknete Blätter gegen Rheuma, Gicht und Wassersucht; die Rinde gegen Fieber, Würmer und als Abführmittel.
Das Laubheu der Esche wird als Viehfutter verwendet (Schneitelesche).

B Der hohe Anspruch der Esche an genügende Luftfeuchtigkeit und ihr relativ geringer Wärmebedarf kennzeichnen ihr allgemeines Verbreitungsgebiet: Niederungen, Stromauen, Flußtäler, Mittelgebirge bis 600–800 m, Alpentäler bis 1300 m. Die Esche bevorzugt die Ebene vor dem Gebirge. Die Steppen meidet sie.
Die Esche verträgt keine längeren Überschwemmungen und Staunässe. Der Boden muß gut durchlüftet sein. Gegen saure Böden und nachträgliche Grundwasserabsenkungen ist sie empfindlich und reagiert mit Zopfdürre.
Die Esche ist sehr anspruchsvoll, da sie nur auf tiefgründigen, mineralkräftigen und gleichmäßig durchfeuchteten, lockeren Böden mit alkalischer Reaktion gut gedeiht (Niederungsmoorböden, Auenböden, Rohauböden der Bach- und Flußbereiche, sogar tonige Böden). Auf verdichteten Böden versagt sie ebenso wie auf trockenen Sandstandorten. Der ideale Standort ist am fließenden Wasser (Wasseresche). Sie stockt auch auf steinigen Nordhängen der Berglagen, wenn genügend Wasser erreicht werden kann. Ist Kalk bzw. basenreiches Gestein vorhanden, so wächst sie auch auf trockenen Böden oder in felsigen Gebieten auf warmen Hängen. Der Lichtanspruch steigt mit zunehmendem Alter. In der Jugend ist die Esche empfindlich gegen Spätfröste und Kaltluft (Zwieselbildung) — auch auf Eschenstandorten! In Strahlungsfrostlagen sollte der Aufwuchs stets unter dem Schirm erfolgen.
Phänologie: Blüte am Ende des Erstfrühlings (Spätkartoffelbestellung). Laubentfaltung im Vollfrühling (Frühkartoffelaufgang). Laubverfärbung am Ende des Vollherbstes (Winterroggenaufgang und Futterrübenernte.

C Die Esche ist ein guter Uferbefestiger, zumal ihr Wurzelwerk als

Zerteiler des fließenden Wassers wirkt und Auskolkungen verhindert. Die lichte Krone begünstigt den Graswuchs.

Auf kalkhaltigen Schlackenhalden und auf Trümmerflächen hat sich die Esche bewährt. In Industriegebieten ist sie aber hochempfindlich gegen chronische Rauchsäuren- und Gaseinwirkung.

Die Rinde junger Eschen wird von Wild und Vieh gerne geschält. Das Eschenlaub dient zur Herstellung gärtnerischer Betriebslauberden.

Samenreife im August, Ernte durch Pflücken vor der Vollreife oder Ende Oktober bis Dezember nach der Reife. Aussaat im ersteren Falle sofort (Sept.–Okt.) oder nach Stratifikation der geflügelten Nüßchen im März. Bei Frühjahrsaussaat oft Überliegen. Keimung nach 2 Wochen. Keimfähigkeit: 4–7 Jahre.

Hedera helix Linné

Gemeiner Efeu

A Immergrüner und winterharter Bodendecker und Kriechstrauch.

B Überzieht mit seinem dichten Sproßgeflecht den Boden frischer und feuchter Laubwälder und bildet dabei einen Blätterteppich am Boden oder übergrünt mit Hilfe haftfähiger Rindenwurzeln Baumstämme, Felsen und Mauern. Hierzu ist allerdings eine ausreichende Zufuhr sauerstoffreichen Regen- und Sickerwassers erforderlich. Auf austrocknenden, allzu porösen Sand- oder Gesteinsböden entwickelt sich Efeu schlecht. Bei zureichenden Standortbedingungen allerdings bildet er, insbesondere auf Steilhängen, die Sickerfeuchtigkeit aufweisen, eine außergewöhnliche Bodenschutzdecke. Selbstverständlich ist diese bei zusagenden Lichtverhältnissen — keine volle Sonne, aber auch kein voller Schatten — für krautige und staudige Gewächse des Waldes auch hinderlich.

C Es gilt also, die Vorteile des Bodenschutzes gegen mögliche Nachteile des Artenreichtums an Pflanzen gegeneinander abzuwägen. Bei erosionsgefährdeten, steileren Lagen (Hängen), z. B. in Niederwäldern, benötigt Efeu neben der Bodenfeuchte oder einer dauerhaften Frische im Boden vor allem das Fallaub des Baumbestandes und eine ausreichende Kronendurchlichtung. Vermehrung und Pflanzung mittels bewurzelter Stecklinge.

Hippophaë rhamnoides Linné

Sanddorn, Seedorn

A Bis etwa 3 m hoher Strauch, der aber baumartig 5 m Höhe erreichen kann. Bei männlichen Pflanzen sind die Knospen an den Triebenden dicht gehäuft, bei weiblichen Pflanzen ist die Knospenstellung locker. Der Strauch kann leicht auf den Stock gesetzt werden.
Weit ausstreichendes Wurzelwerk und starke Wurzelbrutbildung, Wurzelstücke sind ausschlagsfähig.
Das schwere und glatte Holz ist für Drechslerarbeiten und zum Blaufärben geeignet.
Die Früchte sind wegen ihres hohen Vitamin-A- und -C-Gehaltes von besonderem Wert und werden zu Marmeladen und Säften verarbeitet.
Wertvolles Vogelschutzgehölz. Die Früche dienen als Vogelnahrung; beides ist besonders in den Küstengebieten und -dünen von großer Bedeutung.

B Der Sanddorn ist ein Strauch der Küstendünen an der Nord- und Ostsee und der Schotterflächen alpiner Flüsse.
Er verlangt zu seinem guten Gedeihen lockere, gut durchlüftete Böden und ist empfindlich gegen schlechte Bodendurchlüftung, so daß z. B. ältere Dünen, deren Sand eine zu feine Struktur besitzt, ungünstig sind. Er wächst gut auf gleichmäßig durchfeuchteten, kiesigen Sandböden mit Tonbeimengungen (Schwemmland). Das Grundwasser muß wenigstens erreichbar sein; gegen Wassermangel in der Sanddorn empfindlich. Er verträgt auch salzhaltige Böden.
Der Sanddorn ist ferner ein kalkliebender Strauch, der zumindest neutrale bis schwach alkalische Bodenreaktion benötigt. So gehören auch kalkreiche und reine Kalkböden sowie Kalkfelsen (Jura, Muschelkalk, Trockenschotter und Kalkböden der süddeutschen Flußauen) zu seinen Wuchsbezirken.
Die Böden müssen humusarm sein. Wenn Humus vorhanden ist, läßt das Wachstum nach.
Der Sanddorn ist ein ausgeprägt lichtbedürftiges und auch windresistentes Gehölz.

C Der Sanddorn ist ein bedeutendes Pioniergehölz zur Bindung von Sand- und Kiesböden, von Halden und Trümmerflächen, ferner von Küstendünen sowie zur Bepflanzung von Flußufern und Schotterflächen der Gebirgsflüsse. Bei der Begrünung von Muschelkalk- und Jurasteilhängen hat er sich zusammen mit *Salix purpurea* gut bewährt.
Aus der Praxis der Verwendung ist zu bemerken, daß eine ein- bis zweijährige Bodenverarbeitung durch die blaue Lupine oder durch Bokharaklee vorteilhaft ist, der dann im Herbst die Sanddornpflanzung in Abständen von etwa 25/100 folgt (25 cm in der Reihe, Reihenabstand 100 cm).
Wenn Fruchtbehang beabsichtigt ist, müssen männliche und weibliche

Gehölze zusammengepflanzt werden, wobei von ersteren nur wenige zu verwenden sind.
Der Sanddorn wird gern vom Wild verbissen.
Ernte der orangeroten Früchte (Scheinbeeren) nach der Reife durch Abschneiden. Fruchtfleisch zerquetschen und hierbei Fruchtsaft gewinnen; dann auswaschen. Samen trocken aufbewahren. Aussaat der schwarzbraunen Samen im Frühjahr auf warmen und feuchten Beeten. Keimung nach 4 Wochen. Keimfähigkeit: 2–3 Jahre.

Ilex aquifolia Linné

Stechplame, Hülse, Hülsedorn, Hülsstrauch

A Bis etwa 5 m hoher, langsam wachsender Strauch, der baumartig aber Höhen bis 10 m erreichen kann. Großes Ausschlagsvermögen.
Das Holz ist sehr hart und zäh. Da es die Eigenschaft auszeichnet, an den Händen keine Blasen zu erzeugen, wird es gern für Handgriffe, Spazierstöcke, Peitschen und Hammerstiele für Steinklopfer verwendet.
Der Genuß der Früchte ruft Durchfall und Erbrechen hervor. Die Blätter werden als Droge gegen Gicht und Krampf sowie als Kräftigungsmittel verwandt.
Bienenweide im Mai–Juni. Die Steinfrüchte sind begehrtes Vogelfutter im Winter; hierdurch erfolgt auch eine natürliche Verbreitung.

B Die Stechpalme liebt luftfeuchtes See- und Gebirgsklima, dazu Halbschatten bis Schatten. Ihr Vorkommen beschränkt sich deshalb auf Waldungen im Küstengebiet und in Berglagen des atlantischen Klimabereiches. Hier ist sie als Unterholz in Laubwäldern, vornehmlich in Buchenwäldern anzutreffen.
Sie gedeiht am besten auf gleichmäßig durchfeuchteten, humosen Silikatböden und stellt Ansprüche an ausreichenden Kalkgehalt des Bodens.

C Die Verwendung der Stechpalme wird sich hauptsächlich auf gelegentliche Unterpflanzungen — insbesondere von Waldrändern — beschränken. Auch für Heckenpflanzungen kann sie verwendet werden.
Gegen chronische Einwirkung von Rauchsäuren und Gasen in Industriegebieten hat sich die Stechpalme als unempfindlich erwiesen.
Das Sammeln von wildwachsenden Pflanzen oder von Teilen derselben für den Handel oder für gewerbliche Zwecke ist verboten.
Rinde und Triebspitzen der Stechpalme werden durch Reh, Hase und Kaninchen verbissen. SCHOENICHEN gibt aber an, daß in der Rinde der Zweige ein alkaloidartiger Stoff (Ilicin) enthalten ist, der einen bitteren Geschmack hat und als Schutzmittel gegen Tierfraß gilt.
Die Steinfrüchte werden sofort nach der Reife im November geerntet und ausgewaschen. Aussaat nach einjähriger Stratifikation im September–Oktober. Keimung nach 1–3 Jahren. Keimfähigkeit: 3–4 Jahre.

Ilex aquifolia

Juglans regia Linné

Walnußbaum, Welschnuß

A Kleiner bis mittelgroßer Baum mit breitästiger Krone und Höhen bis 20 m.
Kräftige und lange, aber weiche Pfahlwurzel mit nachfolgend starker Bildung von Seitenwurzeln.
Das schön gemaserte Holz gehört zu unseren wertvollsten Möbelhölzern. Es ist ziemlich hart und dauerhaft, leicht zu bearbeiten und zu polieren, jedoch sehr dem Wurmfraß ausgesetzt.
Die Früchte enthalten 50–65 % Fett und viel Eiweiß. 50 kg Nüsse ergeben 9 kg Speiseöl. Ferner sind die Walnüsse Vitamin-A- und -B-haltig. Sie dienen der Likörfabrikation. Drogen: Grüne Schalen und Blätter oder getrocknete Blätter sind Mittel gegen übermäßige Transpiration, Vergiftungen, Geschwüre, Gicht, Gelbsucht und Leberkrankheiten sowie Vitaminmangel; sie wirken blutreinigend. Das Nußöl wird gegen Würmer verwandt. Der Genuß reifer Walnußkerne dient blutarmen Menschen. Schließlich sei erwähnt, daß der Saft grüner Schalen und Blätter das Haar dunkel bis schwarz gefärbt.

B Sehr lichtbedürftiger Baum des milden Klimas sowie warmer, sonniger, früh- und spätfrostfreier Standorte. Der Austrieb im Mai leidet besonders im Jugendwachstum stark unter Spätfrösten.
Das Vorkommen und der erfolgreiche Anbau des Walnußbaumes konzentrieren sich deshalb auf warme Lagen, z. B. am Oberrhein, untere Hänge von Mittelgebirgen und nicht frostgefährdete, warme Ebenen. Der Walnußbaum ist gegen strenge Winterkälte sehr empfindlich, wobei RUBNER den Schwellenwert von minus 28 °C angibt. Das schließt nicht aus, daß er auch im norddeutschen Raum noch gut gedeiht. Das kräftige Wurzelwerk macht ihn zu einem sturmfesten Baum.
Die Ansprüche an den Boden sind gegenüber dem Klimaanspruch von sekundärer Bedeutung. Nährstoffreiche, tiefgründige, frische Böden mit basischer Reaktion (z. B. sandiger Lehm) sind am geeignetsten. Der Baum liebt bei recht hohem Wasserbedürfnis beständige Grundwasserverhältnisse mit einem Stand um 1,50 m.
Phänologie: Reife Früchte am Beginn des Vollherbstes (Aussaat der Wintergerste und des Winterroggens).

C Der Walnußbaum ist kein Waldbaum. Er kommt deshalb vor allem für die Anpflanzung in Ortslagen oder in deren Nähe, auf Plätzen und auch in streifenartigen Gehölzanlagen in Betracht. Von der Anpflanzung als Allee an Straßen sollte man aus Gründen der Verkehrssicherheit absehen.
Der Baum verträgt Schnitt nur in belaubtem Zustand. Seine Blitzgefährdung ist gering.
Die Früchte werden im September–Oktober geerntet, im März wird nach

Stratifikation — um die Keimruhe zu brechen — ausgesät. Veredlungen werden auf ein- oder zweijährigen Sämlingen im März–April vorgenommen.

Laburnum anagyroides Medicus

(*Laburnum vulgare* Berchthold und Presl — *Laburnum vulgare* Grisebach)

Goldregen, Falsches Ebenholz, Bohnenbaum

A Strauch oder kleiner, bis 6 m hoher Baum mit schnellem Jugendwachstum und starkem Stockausschlag.
Durch die Entwicklung einer Pfahlwurzel vorwiegend Tiefwurzler.
Das Holz ist hart, sehr schwer und schlecht spaltbar. Es kann für Maßstäbe und Musikinstrumente verwendet werden.
Die junge Rinde und die Hülsenfrüchte sind giftig, weil der Goldregen in allen Teilen Cytisin enthält.
Die gelben Blüten im Mai–Juni sind Bienenweide.

B Der Goldregen ist ein lichtbedürftiges Gehölz. Sein natürliches Vorkommen erstreckt sich vor allem auf trockene Kalkhänge in Südlagen.
Er liebt mineralkräftigen Boden, gedeiht aber auch noch auf leichten Böden, wenn sie genügend frisch bis feucht sind. Nasse Böden meidet der Goldregen.
Phänologie: Blüte am Ende des Vollfrühlings (erste Ähren bei Winterroggen und Wintergerste).

C Der Goldregen sollte zur Begrünung von Ödlandflächen, z. B. auf Muschelkalk und bei Böschungsbepflanzungen verwendet werden.
Die Rinde des Goldregens wird von Reh, Hase und Kaninchen verbissen.
Aussaat im Mai ohne Vorbehandlung. Keimung nach 2 Wochen. Keimfähigkeit: 3 Jahre.

Laburnum anagyroides

Ligustrum vulgare Linné

Liguster, Rainweide, Zaunriegel, Tintenbeerstrauch, Grießholz

A Schnellwüchsiger Strauch mit Höhen bis zu 5 m, allgemein aber um 2 m. Ablegerbildend. Die Belaubung bleibt bis in den Winter erhalten.
Der Boden wird besonders intensiv durchwurzelt.
Das Holz ist hart und für Drechslerarbeiten geeignet. Die Beeren können industriell zum Rot-, Blau- und Schwarzfärben benutzt werden. Die Zweige dienen zur Korbflechterei.
Bienenweide im Mai–Juli. Gutes Vogelschutzgehölz. Ab Oktober und während des ganzen Winters sind die schwarzen Beeren Vogelnahrung.
Blätter gegenständig.

B Der Liguster kommt in Flußauen, Gebüschen und in lichten Waldungen vor. Er ist ein sehr schattenverträgliches Gehölz.
Am besten gedeiht er auf mineralkräftigen, nährstoffreichen, frischen Standorten, wobei er vorübergehende Bodennässe verträgt. Er begnügt sich hier mit flachgründigen Standorten (z. B. Ton im Untergrund). Der Liguster verlangt alkalische Bodenreaktion, liebt kalkhaltige Böden oder Kalkgesteinsböden und kommt deshalb auch auf basenreichen, warmen bis heißen Südhängen in Trockengebieten bzw. Wassermangelstandorten vor.
Phänologie: Die Blüte zeigt das Ende des Frühsommers an (Frühkartoffelblüte, Reife der frühen Süßkirschen, erster Wiesenschnitt). Reife Früchte im Vollherbst (Aufgang der Wintergerste).

C Der Liguster ist wegen seines intensiven Wurzelwerkes zur Bodenbefestigung (z. B. Böschungen) sehr gut geeignet. Auch für die Haldenbegrünung kommt er in Betracht, da er nur wenig rauchempfindlich ist. Auf Standorten mit starkem Schattendruck ist er eines der wenigen Gehölze, die hier noch gut gedeihen. Seine Windfestigkeit ist bedeutend. Der Liguster ist z. B. für die Verwendung als freiwachsendes Gebüsch an Schnellverkehrsstraßen sehr zu empfehlen, um Blendschutz zu erreichen.
Reife im August–September als schwarze Steinbeeren. Fruchtfleisch auswaschen, dann Stratifikation bei + 4 °C bis + 8 °C. Aussaat im Frühjahr. Üblich aber ist Steckholzvermehrung im September–Oktober oder März. Auch grüne Stecklinge im Juni–Juli.

Ligustrum vulgare

Lonicera periclymenum Linné

Geißblatt, Waldgeißblatt

A Bis 5 m und höher windender Strauch der Hecken und Waldränder, oder kriechend am Boden lichter bodensaurer Wälder.

B Fakultative Schattenpflanze. Der Strauch verträgt viel Schatten und gedeiht am besten in feuchten, warmen Lagen mit fruchtbaren Böden (z. B. Auenböden). Auch trockenere Standorte sind noch geeignet, wenn der Basengehalt des Bodens ausreichend ist.

C Reife der dunkelroten Beeren im September. Nach Auswaschen der Samen Stratifikation. Frühjahrsaussaat. Keimung schnell und gut. Blätter fast kahl.

Lonicera xylosteum Linné

Heckenkirsche, Rote Heckenkirsche, Beinholz, Beinweide, Weißbeinreis

A Bis 2 m hoher Strauch, stets aufrecht und breit wachsend. Flachwurzler.
Das Holz ist hart und gehört zu den zähesten Mitteleuropas. Es kann in Drechslereien, zu Angelruten u. a. verwendet werden.
Die Früchte sind nicht giftig, aber ungenießbar und erregen Brechreiz.
Bienenweide. Blätter gegenständig, weich behaart.

B Das schattenverträgliche Gehölz kommt in Gebüschen und an Waldrändern auf frischen, mineralkräftigen und kalkhaltigen Böden vor. Im Gebirge reicht das natürliche Vorkommen bis 1600 m hinauf.
Die Feuchtigkeitsansprüche sind mit zunehmendem Kalkgehalt geringer; so gedeiht der Strauch auch auf basenreichen Wassermangelstandorten (z. B. Südhänge in Trockengebieten). Der Strauch ist aber auch für trockenere, sandige Standorte geeignet.

C *Lonicera xylosteum* (und *L. tatarica*) wird von der Schwarzen Kirschfruchtfliege *(Rhagoletis cerasi)* befallen. Aus der Umgebung von Kirschenanbaugebieten — insbesondere von spätreifenden Kirschen — sollen deshalb die genannten Arten ferngehalten werden (siehe Flugblatt Nr. 53 der BBA). Dort heißt es u. a., daß im Walde wachsende Wildkirschen »wegen ihres meist schattigen Standortes — wenn überhaupt — sehr verspätet vom Schädling heimgesucht werden« (biologische Schädlingsbekämpfung?) oder »Es gibt auch Kirschengebiete, in denen die Kirschfruchtfliege trotz Verbreitung auf Heckenkirschen nicht oder nicht häufig auf Kulturkirschen übergeht.«
Lonicera xylosteum ist nur wenig empfindlich in rauchgefährdeten Gebieten. Der Strauch leidet nicht unter Wildverbiß.
Reife der Früchte im Juli, Ernte im August–September. Auswaschen. Aussaat August–September oder nach Stratifikation im Frühjahr. Keimung nach 3–4 Wochen. Keimfähigkeit: 2 Jahre. Die bewährtere Methode ist die Vermehrung durch Steckholz, welches im Dezember geschnitten wird.

Lonicera xylosteum

Lycium halimifolium Miller

(*Lycium vulgare* Dunal)

Bocksdorn, Teufelszwirn

A Bis 3 m hoher, dorniger, spreizklimmender Strauch mit sehr breitem Wuchs.
Das Wurzelwerk streicht sehr weit; es bildet reichliche Wurzelbrut.
Wertvolles Vogelschutzgehölz, da die Sträucher katzensicher sind. Die orangeroten Beeren dienen als Vogelnahrung. Die lange Blütezeit der hellvioletten Blüten ab Mai bis zum Herbst macht den Strauch zu einem wertvollen Bienenweidegehölz.

B Der anspruchslose und robuste Strauch bevorzugt sonnige Lagen und gedeiht auf geringwertigen, sogar sterilen und trockenen Böden. Auch für Salzböden soll er geeignet sein.

C Der Bocksdorn bildet undurchdringliche, wilde Gebüsche und ist deshalb für Abwehrpflanzungen und zur Begrünung von Böschungen, Dämmen, Steilhängen und Stützmauern, von Sandstandorten und Trümmerflächen besonders gut geeignet. In Küstengebieten kommt er zur Befestigung rückwärtiger Dünen in Betracht.
In sehr strengen Wintern kann der Strauch zurückfrieren, jedoch erholt er sich wieder.
Die übliche Vermehrungsart ist die durch Steckholz. Wurzelstücke sind ausschlagsfähig.

Malus silvestris Miller

(*Malus communis* De Candolle — *Malus pumila* Miller — *Pirus malus* Linné)

Holzapfel, Johannisapfel

A Kleiner, bis 7 m hoher Baum mit dornspitzigen Kurztrieben, der auch strauchartig wachsen kann. Sehr langsame Entwicklung. Unsere Kulturäpfel stammen z. T. von *Malus silvestris* ab.
Flachwurzler mit Wurzelbrutbildung.
Das Holz ist hart und schwer, wertvoller als bei den kultivierten Arten. Das beste Holz ergeben Bäume, die in freier Lage gewachsen sind. Die Rinde liefert gelben Farbstoff.
Die Kerne sind ölhaltig. Die reifen Früche besitzen einen beachtlichen Vitamin-C-Gehalt und 12–13 % Zucker. Sie sind zur Geleeherstellung geeignet.
Droge: Fruchtschalen als Tee gegen Fieber. Frische, reife Früchte gegen Darmkatarrh, Paratyphus und Ruhr.
Die Früchte sind Wildfutter und beliebte Vogelnahrung, die Blüten — ebenso wie die der Kulturäpfel — wertvolle Frühtracht für die Bienen.

B Baum der Gebüsche und Waldränder in Ebenen und niedrigen Berglagen. Er bevorzugt lichten Standort, verträgt aber als fakultative Schattenpflanze auch leichten Schatten.
Ein gewisses Maß an Luftfeuchtigkeit sowie frische, nährstoffreiche, kalkhaltige (z. B. lehmig-mergelige) Böden mit alkalischer Bodenreaktion sind Voraussetzung für gutes Wachstum. Wenig tiefgründige und trockene Böden sind ungeeignet.
Phänologie: Die Blüte zeigt den Beginn des Vollfrühlings an.

C Das Vorhandensein »wildwachsender« Obstgehölze in der Nähe von Obstplantagen und -gärten wird von der Obstbauwirtschaft nicht gern gesehen, weil es die Durchführung der intensiven Maßnahmen der Schädlingsbekämpfung erschwert.
Ernte im Herbst. Das Saatgut muß ausgewaschen und stratifiziert werden. Im November–Dezember oder erst im Frühjahr wird es ausgesät.

Malus silvestris

Mespilus germanica Linné

Mispel

A Bis 5 m hoher Baum, von halbkugeliger Gestalt und im Alter breiter als hoch.

B Heimisch in Südeuropa, bei uns nur noch äußerst selten in Süddeutschland, in den übrigen Gebieten gelegentlich als Relikt in alten Bauern- und Obstgärten. Hier besonders wegen seiner auffallend großen Blätter und seiner apfel- oder quittenartigen Früchte und wegen seiner großen weißen Blüten beliebt, wenn auch nicht unbedingt erwünscht, zumal der Baum einen beträchtlichen Platzbedarf beansprucht.
Im Freistand ist er bei zusagenden Boden- und Lichtverhältnissen eine auffallende, nicht zu übersehende Erscheinung. In Gebüschen, Hecken und an engen Waldrändern kann er sich nicht entfalten und wird dann zumeist überwuchert.
Man darf die Mispel heute zu den bei uns besonders gefährdeten Pflanzenarten zählen, weil sie eben wegen ihres Platzbedarfes kaum noch neu angepflanzt wird, nicht einmal in Gärten und in Obstwiesen.
Die vorhandenen Restbestände dieser Gehölzart sollten unbedingt von den Naturschutzbehörden erfaßt werden, um künftig diese altertümliche Baumart in ländlichen Siedlungen, in Bauerngärten, in und an Hecken und sonnigen Waldrändern wieder anzusiedeln.

C Verbreitung durch Tiere, Vermehrung durch Saat.

Mespilus germanica

Pirus communis Linné

Holzbirne, Mostbirne

A Mittelgroßer, sehr langsamwüchsiger Baum mit Höhen bis 20 m. Auch strauchartiger Wuchs.
Tiefwurzler. Der Baum bildet eine Pfahlwurzel und in die Tiefe gehende Herzwurzeln aus.
Das Holz ist hart, schwer, zäh und schlecht spaltbar. Es ist dauerhafter als das des Apfelbaums und für Tischler- und Drechslerarbeiten geeignet. Durch Wurmfraß wird es aber leicht zerstört. Das Holz gilt als heizkräftig.
Die Früchte können zu Most, Essig, Branntwein und zur Marmeladenherstellung verwendet werden.
Da die Samen auch ölhaltig sind, dienen die Früchte als Vogel- und Wildfutter.
Die Blüten liefern wertvollen Pollen für die Bienen und am Ende der Frühtrachtzeit Nektar.

B Die Wildbirne benötigt mineralkräftige, tiefgründige Böden mit geregelten Feuchtigkeitsverhältnissen und alkalischen pH-Werten, z. B. Lehmböden und stark kalkhaltige Böden. Sie meidet kalte Böden.
Die Wildbirne ist sehr strahlungsfest.

C Die Wildbirne ist ein frost- und krankheitsresistentes Gehölz. Sie sollte bei Pflanzungen in der freien Flur und am Waldrand viel mehr verwendet werden, zumal sie als Tiefwurzler Rohböden gut erschließt.
Reife der Früchte im September. Saatgut auswaschen, stratifizieren und im November–Dezember oder erst im Frühjahr aussäen. Die Kirchensaller Mostbirne soll die wertvollsten Birnensämlinge liefern.

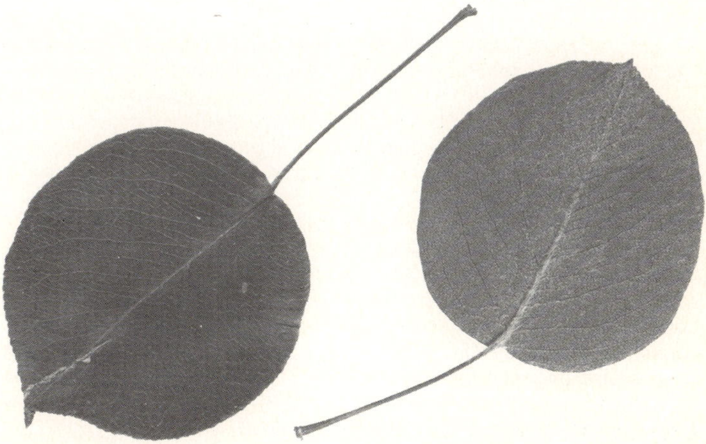

Populus alba Linné

Silberpappel, Weißpappel

A Pappel der Sektion Leuce (glatte helle Rinde, die lange Zeit anhält; Zweige mit rundem Querschnitt).
Bis 30 m hoher Baum, der nur kurze Stämme, aber eine mächtige Krone bildet. Kennzeichen: Blattunterseite weißfilzig. Blätter handförmig gelappt, im Innern der Krone rundlich. Auf Küsten- und Binnendünen kriechend-strauchartiger Wuchs. Männliche und weibliche Bäume.
Sehr weitstreichendes Wurzelwerk, das bis zu einem Viertel-Hektar Flächenausdehnung erreichen kann. Starke Wurzelbrutbildung.
Weißes Holz, das härter als bei den anderen Pappeln ist. Es ist nicht besonders fest und zäh und zählt zu den leichtesten Hölzern. Die Haltbarkeit ist gering. Mit 30–40 Jahren liefert die Silberpappel Stammholz, das jedoch weniger wertvoll ist gegenüber der Zitterpappel.
Getrocknete Rinde wird als Droge gegen Fieber- und Blasenleiden verwendet.

B Die Silberpappel ist ein Baum der geschützten und wärmeren Wuchsbezirke der Auenwälder und Niederungen in Süddeutschland (z. B. Oberrheinebene, Donautal). Sie ist unempfindlich gegen kürzere Überschwemmungen.
Die günstigsten Standorte sind frische bis feuchte Böden mit guter Tiefgründigkeit. Schwere Böden sind ungeeignet, weil die Pappel allgemein auf Bodenluft angewiesen ist. Bei genügender Feuchtigkeit kommen also auch Sandböden in Betracht. Die Bodenreaktion kann leicht sauer sein. Die Silberpappel gedeiht noch auf trockeneren Standorten, auf denen ihr Wurzelwerk allerdings sehr weit streicht, so daß die nachteilige Wirkung der Wurzelausdehnung zu bedenken ist.
Wie alle Pappeln ist der Baum eine Lichtholzart.
Alle Leuce-Pappeln stellen geringere Ansprüche an Licht, Wärme, Wasser und Mineralgehalt des Bodens als die Aigeiros-Gruppe.

C Die Neigung zu starker Wurzelbrut macht die Silberpappel auch für Dünenbefestigungen im Küstengebiet und allgemein zur Flugsandbegrünung geeignet. In der Nähe von Äckern und Wiesen soll man sie wegen der Wurzelbrut nicht pflanzen.
Die Windbeständigkeit des Einzelbaumes sei hervorgehoben.
Alle Leuce-Pappeln: Jungbestände konkurrieren bzgl. Beschattung besser mit anderen Gehölzen als die Arten der Aigeiros-Gruppe. Sie sind deshalb auch als Waldbäume geeignet.
Verwendungshinweise für alle Pappeln:
Pappelpflanzungen sind in den ersten Jahren dankbar für Bodenpflege und Bodenbedeckung (Mulchen). Gegen Graswuchs und erst recht gegen eine dichte Grasnarbe sind sie sehr unverträglich. Die Pappeln gelten als widerstandsfähig gegen Rauchschäden. Vom Wild (Reh, Hase, Kaninchen)

werden sie verbissen, und ihr Wachstum leidet dann stark.
Die Pappeln haben sehr viele Schädlinge. Auf die Flugblätter Nr. 65 »Pilzkrankheiten der Pappel« und Nr. 67 »Schädliche Insekten an der Pappel« der Biologischen Bundesanstalt wird deshalb hingewiesen.
Steckholzvermehrung.

Populus x berolinensis Dippel

Berliner Pappel, Berliner Lorbeerpappel

A Pappel der Sektion Tacamahaca, Balsampappeln (derbe, länglich-spitze Blätter. Knospen sondern stark duftenden Balsam ab). Säulenartige, dicht belaubte Krone, die sich um einen bis zur Spitze durchlaufenden Schaft aufbaut; Astwerk steil aufrecht. Die Stämme zeigen lange Zeit eine helle Rinde. Sehr zeitiger Blattaustrieb, besonders hellgrün, Mitte April. Meist männliche, wenig weibliche Bäume. Kreuzung von Balsam- und Schwarzpappel.
Anfangs schnellwüchsiger Baum.
Kräftige und intensive Wurzelbildung, die kaum über den Kronenbereich hinausgeht. In gewachsenem Boden soll der Baum eher zur Tiefenwurzelbildung neigen.
Faserholz mit hohem Zellulosegehalt. Als Schälfurnier weniger geeignet.
Als Pollenspender dienen die Kätzchen der Bienenweide.

B Diese Pappel ist am besten geeignet für Lehmböden mit Tonuntergrund, für nährstoffreiche, grundwasserbeeinflußte Standorte mit nicht zu hohem Grundwasserstand (40–80 cm), für höhere Auenstandorte und für Wiesenböden. Der Baum verträgt keine regelmäßigen Überschwemmungen. Andererseits übersteht er gut Trockenperioden, aber nicht auf kiesigen, schotterreichen Böden.
Wichtig ist ferner die größere Frostresistenz gegenüber den anderen Pappelarten.

C Die Berliner Pappel kann allgemein als Ersatz für die Pyramidenpappel gelten — besonders in windgefährdeten Lagen. Bei 2–3jährigem Umtrieb kommt sie für Pflanzungen in Schutzstreifen in Betracht. Auch auf aufgeschütteten Böden eignet sie sich zur Anpflanzung, obwohl sich hier ihre Wurzeln flacher ausbreiten.
GÜNTHER empfiehlt allerdings, den Anbau wegen des Braunfleckengrinds nicht zu fördern. Außerdem neigt diese Pappelart zu stärkerem Krebsbefall, was vermutlich auf die Auswahl ungünstiger Standorte zurückzuführen ist.
Steckholzvermehrung.

Populus x canescens Smith

Graupappel

A Pappel der Sektion Leuce (glatte helle Rinde, die lange Zeit anhält; Zweige mit rundem Querschnitt). Bastard zwischen Weiß- und Zitterpappel. Männliche und weibliche Bäume.
Pappelart, die mehr als 30 m Höhe erreichen kann. Im Freistand bildet sie einen kurzen Schaft und eine mächtige Krone. Morphologisch steht sie zwischen Weiß- und Zitterpappel. Langsamer Wuchs. Männliche Graupappeln sollen schneller und mit besserem Schaft heranwachsen als die weniger vorkommenden weiblichen Bäume. Neue Züchtungen mit großer Wuchsleistung.
Früher Blattaustrieb.
Starke Wurzelbrutbildung, insbesondere wenn Bäume gefällt sind.
Das weiße Holz ist ziemlich schwer und von hoher Qualität.

B Der Wuchsbezirk der Graupappel ähnelt dem der Silberpappel: Wärmere Standorte der Auen und Niederungen in ganz Deutschland. Doch ist sie als sehr windbeständige Pappel auch im gesamten deutschen Küstengebiet anzutreffen und stellt hier die beste sturmsichere Pappelart norddeutscher Höfe dar, so z. B. in den Marschen, in Mecklenburg und auf der Insel Rügen. Der Baum ist — wie die Arten der Leuce-Gruppe — schattenfester als z. B. die Schwarzpappel.
Lockere, tiefgründige, feuchte, kalkreiche Böden werden bevorzugt. Die Graupappel ist die beste Art für Kalkböden. In den Auen kommen auch leichtere, sandige Böden in Betracht, da das Grundwasser gut erreichbar ist.
Die Graupappel verträgt von allen Arten am besten Grundwasserabsenkungen. Sie gilt überhaupt als recht anpassungsfähig und z. T. anspruchslos. So gedeiht sie mit noch guten Wuchsleistungen auf grundwasserfernen, sandigen Böden, sogar auf anmoorigen, staunassen Böden, so daß ihr Fortkommen auf leicht sauren Standorten möglich ist.

C Die sturmfeste Graupappel ist in stark windgefährdeten Gebieten als Schutzgehölz von hervorragender Bedeutung. Ihre Anpflanzung im Rahmen großräumiger Windschutzanlagen sollte deshalb auf den geeigneten Standorten mehr gefördert werden. Auch als Pioniergehölz auf leichten Böden ist sie gut zu verwenden. Allgemein kann man sagen, daß die Graupappel — insbesondere auf Grund züchterischer Auslese ihrer Wuchsmerkmale — als »Pappel der Zukunft« anzusehen ist.
Vermehrung durch Steckholz schwierig. Wurzelschnittlinge. Gewächshausvermehrung erforderlich.

Populus euramericana f. gelrica

Geldernpappel, Geldernsche Pappel
Baaksche Pappel, Hengelosche Pappel

A Pappel der Sektion Aigeiros (Knospen klebrig, frühzeitig gefurchte Borke). Baum mit schlankem Wuchs, da die Äste — ähnlich *Populus robusta* — steil aufrecht wachsen. Durchgehender Schaft. Auffallend weißliche Rinde mit hellen Borkenplatten. Weiches, großes Blatt. Austrieb sehr spät, Blattfall sehr früh. Männliche Bäume. Die Wuchsleistungen sind hervorragend und sollen die der anderen Pappeln übertreffen.
Schälholzpappel, die mit 25 Jahren schlagreif ist.

B Alle *euramericana*-Pappeln benötigen zu ihrem Gedeihen eine lange Vegetationsperiode. Sie haben ein hohes Licht- und Wärmebedürfnis.
Die Geldernpappel bevorzugt Auenstandorte und Bruchhumusböden, die frisch, nährstoffreich und grundwassernah sind. Das Vorkommen ist im besonderen aus dem Spreewald bekannt. In Holland hat sie sich ebenfalls sehr gut bewährt.
Ungeeignet für den Anbau sind Sandböden sowie schwere Lehmböden.

C Der Anbau der Geldernpappel verdient größere Beachtung, weil diese Art vom Krebs nicht nennenswert befallen wird. Bei Mißerfolgen mit dem Anbau sind die obengenannten hohen Ansprüche an den Standorten kritisch zu untersuchen.
Die Angaben zu den Unterarten und Sorten der *euramericana*-Pappeln sind dem Buch: ZYCHA, H., RÖHRIG, E., RETTELBACH, B., und W. KNIGGE, Die Pappel, Verlag Paul Parey, Hamburg u. Berlin 1959, entnommen.
Am besten Steckholzvermehrung aus Terminaltrieben oder als Fußstecklinge (nur Seitenknospen). Ferner Setzruten bis 2 m lang und Setzstangen bis 4 m lang.

Populus euramericana f. marilandica

Maipappel

A Pappel der Sektion Aigeiros (Knospen klebrig, frühzeitig gefurchte Borke). Baum mit mächtiger Krone, deren starkes, unregelmäßiges Astwerk sich etwa horizontal aufbaut. Nicht durchgehender, oft krummer und etwas schrägstehender Schaft. Blattaustrieb früh und rötlich. Blattfall früh mit Gelbfärbung. Weibliche Bäume. Im Durchschnitt aller Pappeln hat diese Art den geringsten Höhenzuwachs.
Horizontale, extensive Bewurzelung, die sich gerne einseitig in Windrichtung ausbildet. Wenig Feinbewurzelung.
Das Holz ist ziemlich schwer. Eine der bedeutendsten Gebrauchspappeln (Zündholzindustrie). Auch Flechtholz.

B Besonders lichtbedürftige Pappelart für grundwassernahe, feuchte bis nasse Standorte. Hier ist sie allgemein anspruchsloser, als *P. serotina* und übertrifft sie hinsichtlich der Wuchsleistungen. Auf Auenböden bleibt die Maipappel hinter *P. serotina* und *P. eur. regenerata* zurück und soll hier weniger geeignet sein.

C Die Maipappel eignet sich für die Anpflanzung als Allee, an Dämmen und Deichen, weil sie den freien Standort bevorzugt und auf ihm besonders gute Wuchsleistungen vollbringt. Allerdings ist sie weniger windfest. Sie sollte nicht auf Gehöften und an Viehweiden gepflanzt werden, da die Samenwolle der weiblichen Kätzchen sehr lästig werden kann. Gutes Wachstum wurde z. B. bei Mischbeständen mit *P. robusta* beobachtet.
Zur Anpflanzung können sehr gut Steckruten verwendet werden.
Der Maipappel ähnlich ist die Sorte *»Eckhof«* (auch Füllbruchpappel oder *regenerata* Hüttenfeld genannt). Weibliche Pappel, die im badischen Auenwald vorkommt.
Vermehrung wie bei *P. euramericana gelrica* beschrieben.

Populus euramericana f. regenerata Rehder

Graue Westpappel

A Pappel der Sektion Aigeiros (Knospen klebrig, frühzeitig gefurchte Borke). Pappelart mit schmaler — auch im Freistand — besenförmiger Krone und steil aufstrebenden Ästen. Gerader Schaft. Am Stammfuß auffallend starke Bildung von Wurzelwerk (Wurzelanläufe). Später Laubfall. Weibliche Bäume.
Extensives, horizontales Wurzelwerk, das in Windrichtung einseitig und ohne Feinbewurzelung ausgebildet ist.
Das Holz ist sehr leicht. Wichtige Gebrauchspappel.

B Diese Pappel ist besonders auf den Auenstandorten Westdeutschlands zu Hause; verbreitet ist sie am Niederrhein anzutreffen. Sie bevorzugt nährstoffreiche Böden mit Grundwassereinfluß. Auch nassere Böden (feuchte Wiesen) sowie verfestigte Böden kommen noch in Betracht. Die Standortansprüche ähneln denen der Spätpappel.
Außerhalb des genannten Wuchsbezirkes hat sich die Westpappel offenbar nicht bewährt.

C Wie die Maipappel soll die Westpappel nicht auf Gehöften und an Viehweiden angepflanzt werden, da die Samenwolle der weiblichen Kätzchen lästig ist.
Andere Bezeichnungen sind:
›serotina erecta‹, *›Donau‹*, *›Eugenei‹* weiblich, *›Rohde‹*, *›Forndorf‹*.
Ähnliche Sorten sind:
›grandis‹ weiblich, *›Harff‹* oder *›Harffsche Pappel‹* oder *›regenerata* Deutschland‹ weiblich. *›Löns‹* männlich mit breiter Krone, Blattaustrieb spät, Blattfall mittelfrüh.
Vermehrung wie bei *P. euramericana gelrica* beschrieben.

Populus euramericana f. robusta Schneider

Starke Pappel

A Pappel der Aigeiros-Sektion (Knospen klebrig, frühzeitig gefurchte Borke). Schmalkronige, männliche Pappel, die einen auffallend geraden, bis zum Wipfel durchgehenden Schaft entwickelt, an dem sich ein steil aufwärts gerichtetes Astwerk aufbaut. Besonders in der Jugend sehr schnellwüchsige Pappel. Laubaustrieb sehr früh und braunrot. Blattfall grün.
Das Wurzelwerk ist horizontal ausgebildet. Es ist dicht und weitreichend.
Weißes, sehr weiches und sprödes Holz.

B Der Baum bevorzugt nährstoffreiche und grundwassernahe Standorte mit tiefgründigen Böden, wie z. B. Löß, sandigen Lehm oder lehmigen Sand. Gegen verdichtete Böden und Staunässe ist er empfindlich. Allgemein stellt diese Pappel aber nicht so hohe Ansprüche wie die anderen Arten der *euramericana*-Gruppe. Sie gedeiht noch auf weniger nährstoffreichen, grundwasserfernen Standorten. So ist sie auf leichteren Böden allen anderen Arten vorzuziehen. Im Durchschnitt von allen Pappeln hat die Starke Pappel den größten Höhenzuwachs.
In rauhen Lagen ist die Starke Pappel frostempfindlich und zeigt Frostrisse. Auch hier soll sie sehr windbruchgefährdet sein, so daß sie in stark windgefährdeten Gebieten wenig anzutreffen ist.

C Die Starke Pappel ist eine schädlingsanfällige Art. In Nordbaden und in der Pfalz besteht deshalb Anbaubeschränkung. GÜNTHER empfiehlt sie für Norddeutschland. Auch bestehen Hinweise für die Verwendung als Straßenbaum, da diese Pappel wenig empfindlich gegen Seitendruck sein soll; vermutlich wurde dieses in nicht extremen Lagen beobachtet. Besonders eignet sie sich für Kippen- und Trümmerbegrünung und für Waldrandpflanzungen. Auf trockenen Standorten sollte sie für schmalere Pflanzungen nicht benutzt werden, da die Wurzelausdehnung zu groß wird. Zur Vermeidung von Totalverlusten sollte sie im übrigen nur in Mischung — zumindest mit anderen Pappelarten — gepflanzt werden.
Andere Bezeichnungen sind:
P. euramericana bachelieri Solem, Bachelier-Pappel. Sie ist eine Auslese aus *robusta,* die sich bisher sehr gut bewährt hat. Männliche Pappel.
P. euramericana vernirubens Henry, ebenfalls eine Auslese aus *robusta,* die sich besonders für trockenere Standorte (z. B. Braunkohlenkippen) als geeignet erwiesen hat. Sie ist noch wüchsiger als *bachelieri.* Laubaustrieb blutrot im April, Laubabfall spät.
Grafhorster Pappel, Dieblicher Pappel.
Ähnliche Sorten sind: *›Drömling‹* weiblich, *›brabantica‹* männlich, *›Flachslanden‹* weiblich, *›Neupotz‹* weiblich, in süddeutschen Auenwäldern, Blattaustrieb früh, Blattabfall sehr spät.
Vermehrung wie bei *P. euramericana gelrica* beschrieben.

Populus euramericana f. serotina Rehder

Spätpappel

A Pappel der Aigeiros-Sektion (Knospen klebrig, frühzeitig gefurchte Borke). Die schnellwüchsigste Pappel, die im Freistand und im Alter eine breitausladende Krone zeigt. Die Stämme sind oft vom Wind schiefgedrückt. Nur männliche Pappeln. Laubaustrieb sehr spät (Mitte Mai) braunrot. Roter Blattstiel kennzeichnend. Durch späten Austrieb weniger spätfrostgefährdet. Blattfall ziemlich früh.
Ziemlich leichtes, sprödes Holz. Leicht spaltbar.

B Die Spätpappel stellt an den Mineralgehalt des Bodens höhere Ansprüche und ist deshalb auf den schwereren Böden der Auen standortsgerecht. Hier ist sie wie die Westpappel in der Wuchsleistung überlegen. Qualität und Gesundheit des Baumes können in Frostperioden leiden. Die regionale Verbreitung der Spätpappel konzentriert sich deshalb mehr auf westliche und südliche Gebiete. Je besser der Boden, um so weißer der Stamm und um so später die Borkenbildung!
Die Spätpappel besitzt ein großes Anpassungsvermögen an trockenere Böden und zeigt auf grundwasserfernen Standorten noch beachtliche Wuchsleistungen.

C In West- und Süddeutschland kommt sie für die Bepflanzung von Straßen und Wegen, für Wiesen und Weiden, als Unterholz in Weinbergsgebieten in Betracht. Günstig ist hierbei ihre nicht so starke schattenspendende Wirkung. Im nördlichen Deutschland ist die Spätpappel noch nicht genügend erprobt. Immerhin konkurriert sie mit der Schwarzpappel, und in Holland hat sie mit 50 % einen hohen Anteil an allen Pappelbeständen. Pflanzen aus dem Stockausschlag sind gegen Rost sehr anfällig.
Andere Bezeichnungen sind:
Ahlbornpappel, Bombastus-Pappel Hohenheim.
Ähnliche Sorten sind:
›*Leipzig*‹ weiblich. Baum mit breiter Krone und geradem Schaft. Sehr später Austrieb, Laubfall früh. Sehr anfällig gegen Blattrost.
›*Eucalyptus*‹ weiblich. Nur örtliches Vorkommen in Moos (Niederbayern, sonst in Deutschland kaum verbreitet).
Vermehrung wie bei *P. euramericana gelrica* beschrieben.

Populus nigra Linné

Schwarzpappel, Europäische Schwarzpappel

A Pappel der Sektion Aigeiros (Knospen klebrig, frühzeitig gefurchte Borke). Die Schwarzpappel der »Alten Welt« war der Kreuzungspartner mit der nordamerikanischen *Populus deltoides,* woraus die *euramericana*-Arten entstanden.
Bis 30 m hoher Baum mit starker Krone, deren unregelmäßiges Astwerk weit ausladet. Gerader, nicht durchgehender Schaft. Männliche oder weibliche Bäume. Junge Zweige rund. Blätter rhombisch geformt. Laubentfaltung sehr spät, Ende Mai.
Intensive und weitreichende Durchwurzelung des Bodens.
Das Holz stellt das wertvollste der Pappeln dar, weil es die längste Faser besitzt.
Pappelknospen dienen als Drogen zur Herstellung von Salben und Abkochungen gegen Rheuma, Gicht, Erkältung und Entzündungen.
Als Kopfpappeln geben die Bäume gute Nistmöglichkeiten für die Vogelwelt. Für die Bienen ist der Pollen wichtig; die klebrigen Knospen liefern Kittharz.

B Baum der Aufschüttungsstandorte, also der Auen und Auenwaldungen in den Strom-, Fluß- und Bachbereichen (z. B. Ober- und Mittelrhein, Donau, Lech). Hier sagen ihr diejenigen Lagen besonders zu, auf denen sie die Sonnenwärme voll nutzen kann. Sie verträgt als einzige Pappelart Überschotterungen und kann überhaupt auf grundwassernahen Böden als überlegen bezeichnet werden. Feuchte, lockere, tiefgründige Böden mit alkalischer Reaktion sind am günstigsten für gutes Gedeihen. Die Schwarzpappel ist — wie fast alle Pappeln — unverträglich gegen saure Bodenreaktion und gegen Staunässe. Die Grenze des Feuchtigkeitsbedarfes wird verschieden beurteilt. Die Schwarzpappel kann recht anspruchslos sein und paßt sich sandig-lehmigen und kiesigen Böden an (z. B. in Holland auf Deichen und Dünen). Guter Wuchs mit geraden Stämmen ist aber nur auf Auen- und ähnlichen Standorten zu erwarten.

C Beeinträchtigung landwirtschaftlicher Kulturen auf ungünstigen Standorten mit zu wenig Feuchtigkeit und Tiefgründigkeit. Wurzelwerk breitet sich hier zu weit aus. Als Einzelbaum ist die Schwarzpappel sehr windbeständig. Wegen ihrer überragenden Wuchsleistungen hat die Gruppe der *euramericana*-Arten die europäische Ursprungsart *nigra* heute weitgehend verdrängt.
Leichte Vermehrung durch Steckholz wie bei allen Arten der Aigeiros-Sektion. Am besten sind Kopfstecklinge.

Populus nigra Linné

P. nigra var. pyramidalis Spach — *P. nigra var. italica* Dur

Säulenpappel, Pyramidenpappel, Italienische Pappel

A Nur männliche Bäume, zahlreiches Astwerk, steil hochwachsend. Mäßige Wuchsleistung, Empfindlichkeit gegen Frost und Gefährdung durch Rindentod machen weitere Anpflanzung bedenklich, zumal durch andere Arten weit übertroffen.

B Dennoch weit verbreitet, Heimat: Kleinasien. Als »Napoleonspappel« in ganz Europa bekannt.

C Besonders geeignet für hohe Baumkulissen, z. B. an Sportplätzen, an Lagerhäusern und anderen Industriebezirken. An den Boden stellt diese Pappel nur geringe Ansprüche.
Leichte Anzucht durch Stecklinge.

Populus tremula Linné

Zitterpappel, Aspe, Espe

A Pappel der Sektion Leuce (glatte helle Rinde, die lange Zeit anhält; Zweige mit rundem Querschnitt).
Bis 30 m hoher Baum mit langsamem Wuchs. Oft strauchartige, krüppelige Entwicklung. Im forstlichen Sinne nur vereinzelt gute Exemplare mit gerader Schaftbildung. Das Stockausschlagsvermögen ist gering; auch fault der Stockausschlag bald. Blätter mit langen Blattstielen, eiförmig bis kreisrund, bei Stockausschlag länglich bis spitz; Blattrand grob gebuchtet.
Intensive Durchwurzelung des Bodens. Die Tiefe des Wurzelwerkes paßt sich den Standortverhältnissen an. Starke Wurzelbrutbildung, vor allem an jüngeren Wurzeln. Hierdurch breitet sich der Baum vegetativ schnell aus.
Das Holz ist schwer, fest und sehr zäh. Bereits 15–20jährige Bäume liefern verwertbares Holz. Bestes Material für Zündhölzer.
Rinde und Blätter dienen der Wildäsung. Die Kätzchen sind Pollenspender für die Bienen.

B In den Wäldern der Ebenen und des Gebirges (1800 m) bis zur oberen Buschgrenze ist die Zitterpappel die häufigste »Wild-Pappel«. Wenn sie auch lichte und warme Standorte bevorzugt, so gilt sie doch als ein klimavages Gehölz, das unter den verschiedensten Bedingungen sehr widerstandsfähig und windhart sein kann. Niedrigere Temperaturen, lange Winter, kurze Vegetationszeiten verträgt sie von allen Pappeln am besten.
Die Zitterpappel ist auch ein bodenvages Gehölz, da sie noch auf trockenen Standorten (Sand- und Sandsteinböden) und auf Moorböden gedeiht. Auch auf Kalkstandorten bei steilen Süd- und Südwestlagen ist sie anzutreffen. Sie bevorzugt allerdings lockere, nährstoffreiche, humose und grundwasserbeeinflußte Böden, wie z. B. frische bis feuchte Auenböden. Überschüssige Nässe mag sie nicht; stagnierendes Grundwasser verträgt sie nur bei höherem Nährstoffgehalt des Bodens.
Die Zitterpappel verträgt saure Böden, wenn die Bodendurchlüftung gesichert ist. Rohhumusdecken wirken wachstumshemmend und schädlich.

C Wo andere Pappeln versagen, wächst die Zitterpappel. Sie ist Pioniergehölz auf grundwasserfernen Standorten, wie z. B. rohen Sandböden, Kiesgruben, Spülsandflächen, Binnen- und Küstendünen, Schlackenhalden und Trümmerflächen. Auf zu lockeren und sandigen Rohböden ist eine gewisse Feuchtigkeit des Untergrundes allerdings vorteilhafter. Verdichtete Böden werden erschlossen, wenn sie nicht zu niedrige pH-Werte besitzen. Gegen chronische Gas- und Rauchsäureneinwirkung ist die Zitterpappel sehr unempfindlich.
Mit der Birke zählt die Zitterpappel zu den ersten Bäumen der Wiederbewaldung nach Kahlschlägen. Hier vermehrt sie sich schnell durch Samen. Die Wurzelbrut breitet sich rasch aus. Das leicht zersetzliche Laub wirkt bodenverbessernd. Zur künstlichen Begrünung durch Saat stecke man

kurze Aspenzweige mit reifen Kätzchen auf Rohböden. Bei feuchtem Wetter erfolgt die Keimung schnell.
In Kiefernkulturen wird die Zitterpappel in größerer Zahl nicht gern gesehen, da sie Zwischenwirt des Kieferndrehrostes *(Melampsora pinitorqua)* ist. Sonst aber ist sie ein gutes Füllholz in Mischkulturen.
Sehr gut ist die Zitterpappel zum Austrocknen nasser Böden geeignet, über denen sie auch einen widerstandsfähigen Schirm zum weiteren Gehölzanbau darstellt.
Die Rinde der Zitterpappel ist durch den Verbiß von Reh, Hase und Kaninchen sehr gefährdet.
Die Pappeln der Leuce-Sektion lassen sich am ehesten durch Samen vermehren. Reife und Ernte des Samens Ende April/Anfang Mai. Aussaat sofort unter Glas. Keimfähigkeit nur wenige Tage. Keimdauer bis 4 Tage. In der Praxis: Zweige mit weißer Wolle abschneiden und nachreifen lassen. Vermehrung der Leuce-Pappeln auch durch Grünstecklinge, am besten durch Wurzelschnittlinge.

Populus trichocarpa *Torrey und Gray*

Balsampappel, Haarfrüchtige Balsampappel

A Pappel der Sektion Tacamahaca (derbe, länglich-spitze Blätter, Unterseiten metallisch glänzend, Knospen sondern stark duftenden Balsam ab). Baum mit tiefer Beastung, starker Wasserreiserbildung und geschlängeltem Wuchs des Schaftes. Sehr schnelles Jugendwachstum. Der Blattaustrieb am frühesten von allen Pappeln. Männliche und weibliche Bäume.
Flachwurzler mit geringer Feinbewurzelung und Neigung zu Wurzelbrut.
Pappel mit enormer Holz- und Zelluloseproduktion. Im nordamerikanischen Westen ist sie der schnellwüchsigste Laubbaum, der Höhen bis 60 m und ein Alter von 150 Jahren erreicht. Das Holz wird als Papier-, Furnier- und Schnittholz benötigt.
Die klebrigen Knospen dienen den Bienen als Kittharz.

B Die Balsampappel ist eine Pappel für die höheren Mittelgebirgslagen, in denen die *euramericana*-Arten versagen. Der Baum ist auch widerstandsfähiger gegen Schneebruch und Frost als andere Arten. Ihr Standort ist nicht die Tiefebene. Hier erreicht der Boden kein größeres Alter (bisa 20 Jahre); auf Auenstandorten und Moorböden versagt er.
Die Balsampappel bevorzugt frische, kräftige Böden wie z. B. Niedermoor, das keine stagnierende Nässe aufweist; jedoch übersteht sie noch eine Überschwemmung und flache, vorübergehende Vernässungen. Auf den schweren Böden gilt sie allgemein als besser gegenüber den *euramericana*-Arten. Auch auf Sandböden erreicht die Balsampappel hohe Wuchsleistungen; sie schließt den Unterboden allgemein aber nur wenig auf.
Die Ansprüche an das Licht sind mäßiger als z. B. bei der Maipappel.

C Da die Balsampappel stark vom Bakterienkrebs befallen wird (Rindentod) und auch sehr anfällig gegen andere Pappelschädlinge ist, hat sie sich in Deutschland noch nicht besonders bewährt. Von ihrem Anbau wird z. T. abgeraten. (In den USA wird sie allerdings mit großem Erfolg — zusammen mit *Tsuga, Douglas*fichte und *Abies grandis* — angebaut.) Als Flachwurzler ist das Wachstum der Balsampappel in Trockenperioden und nach Grundwasserabsenkungen gefährdet. Für streifenartige Pflanzungen kommt sie auch wegen der Wurzelbrut nicht in Betracht.
Bei der Verwendung in der Nähe von Wohnstätten sind männliche Bäume zu bevorzugen (lästige Samenwolle der weiblichen Pflanzen). Der Baum leidet nicht so sehr unter Wildverbiß. Günstig ist auch, daß die Balsampappel den Seitendruck anderer Gehölze besser erträgt als z. B. die Schwarzpappel.
Steckholzvermehrung.

Prunus avium Linné

Vogelkirsche, Süßkirsche, Waldkirsche

A Mittelgroßer, bis 20 m hoher Baum mit starkem Stockausschlag. Herzwurzler. Das Wurzelwerk ist kräftig und weitstreichend.
Die Qualität des Holzes ähnelt der des Ahorns. Das Holz ist glänzend, mittelschwer, sehr hart, fest und elastisch. Trotz seiner geringen Haltbarkeit ist es in der Möbelindustrie sehr begehrt. Hoher Brennwert.
Die Bäume bieten gute Nistgelegenheiten für die Vogelwelt. Die Früchte werden von Drosseln gerne verzehrt und dadurch verbreitet. Die Blüten sind Bienenweide; auch an den Blattstielen bildet sich Nektar.

B Die Vogelkirsche ist ein Baum der Ebene und des Gebirges, in den Alpen kommt sie bis etwa 1600 m vor. Hier ist sie in lichten Wäldern und Gebüschen, an Waldrändern und Bachufern anzutreffen. Als sehr lichtbedürftiges Gehölz bevorzugt sie sonnige Lagen und verträgt keine Beschattung.
Am besten gedeiht sie auf fruchtbaren, kalkhaltigen und mäßig feuchten, lehmig-tonigen Böden. Ungünstig sind arme Sandstandorte. Auf sauren Böden leidet sie unter Gummifluß. Dieses Symptom kennzeichnet also auch mangelnden Kalkgehalt auf sonst geeigneten Böden. Auf nur durchschnittlichen Böden ist ein etwas höherer Grad von Bodenfeuchtigkeit erforderlich. Gegen stagnierende Nässe ist sie ebenso empfindlich wie gegen Überflutungen.

C Die Vogelkirsche hat sich bei der Begrünung hoher, steiler Böschungen und Spülfelder bewährt.
Alle Wildkirschen werden von der Kirschfruchtfliege *(Rhagoletis cerasi)* befallen. Der Pflanzenschutz fordert u. a., daß aus der Umgebung von spätreifen Kultursorten Wild- oder Vogelkirschen und die Heckenkirschen *(Lonicera)* zu entfernen sind. Siehe Flugblatt Nr. 53 der Biologischen Bundesanstalt.
Die Früchte werden im Sommer geerntet und die Steine ausgewaschen. Aussaat im September–November oder nach Stratifikation im Februar bis März. Manchmal Überliegen. Keimfähigkeit: 1–2 Jahre.

Prunus cerasifera Ehrhart

syn. Prunus myrobalana Lois

Kirschpflaume, »Myrobalane«

A Bis 8 m hoher, baumartiger Strauch. Durch ihren sperrigen Wuchs ist die Kirschpflaume gut für Vogelschutz- und Flurgehölze geeignet. Sie kann zur Begrünung von Ödlandflächen verwendet werden, wenn genügend Feinerde zur Verfügung steht. Sonnige Standorte sagen ihr zu. Die Blüten sind eine wertvolle Bienenweide.

B Diese Pflaumenart stammt aus Westasien, ist bei uns aber seit alters her eingebürgert, weil sie als geeignete Veredelungsunterlage für Hauszwetschen galt. Heute ist sie überall noch verwildert, wenn auch nicht häufig, anzutreffen. Treibt Wurzelausläufer.

C Für Hecken und Gebüsche besonders auf Böschungen und an Waldrändern ist sie ein wertvolles Gewächs, als Veredelungsunterlage heute unbedeutend.
Die einjährigen Winterzweige sind zum Unterschied gegenüber anderen Pflaumenarten wiesengrün und kahl und sind somit ein gutes Erkennungsmerkmal, z. B. gegenüber Zwetschen, Mirabellen, Aprikosen.

Prunus domestica Linné

syn. Prunus communis Hudson

Hauspflaume, Zwetschge, Zwetsche

A Kleiner, bis 7 m hoher Baum. Holz hart, schwer und spröde. Aus den Früchten können Zwetschenwasser und Marmeladen hergestellt werden. Die Kerne enthalten Öl und dienen der Medizin. Allgemein als Obstbaum kultiviert. Übergänge zur *Prunus insititia.* Noch für schwachlehmige Böden, kaltluftgefährdete und Nordhanglagen geeignet.

B Diese Art ist nicht nur wie üblich in Gärten, sondern auch in Hecken und Gebüschen, an Ufern und in Auenbereichen zur Bereicherung des Gehölzinventars zu verwenden. Allerdings darf sie nicht mit größeren Bäumen zusammen gepflanzt werden, niedriger Unterwuchs z. B. mit *Ribes alpinum,* oder mit *Rubus caesius,* sind dagegen geeignet.

C Wie bei der Schlehe bildet auch diese Art mit der Zeit Wurzelausläufer und verbreitet sich somit in die nähere Umgebung, was für ihre landschaftliche Verwendung von großem Vorteil ist.

Prunus insititia Linné

syn. Prunus floribunda Weihe

Haferschlehe, Schlehenpflaume, Spilling, Kriechenpflaume, Zwetschge, Zwetsche

A Stammart aller rundlichen Pflaumen (Mirabellen, Reineclauden). Strauch oder Baum, 6 m hoch. Die Früchte reifen mit dem Hafer im September. Bester Wuchs auf feuchten Lehmböden mit geringem Anspruch an den Untergrund. Vorkommen in Gebüschen, Hecken, Waldrändern.

C Nur noch selten in alten Bauerngärten zu finden und daraus verwildert in gartennahen Bachauen, an Uferböschungen und jeweils in entsprechend klimatisch begünstigten Standorten.

Prunus mahaleb Linné

Weichselkirsche, Steinweichsel, Türkische Weichsel, Felsenkirsche, Lucienholz

A Bis 8 m hoher Großstrauch, der auch baumartig wachsen kann. Reichlicher Stockausschlag.
Herzwurzler.
Das Holz ist sehr hart. Stockausschläge im dreijährigen Umtrieb dienen z. B. zur Anfertigung von Weichselröhren, Pfeifenröhren, Zigarrenspitzen, Spazierstöcken und Schirmstöcken.
Frische Rinde hat offizielle Bedeutung.
Die Weichselkirsche ist Bienenweide und Wildäsungsgehölz.

B Die Weichselkirsche hat ihr natürliches Verbreitungsgebiet im Hügelland und in milden Lagen der niedrigen Gebirge. Sie liebt hier warme und sonnige Standorte und ist auch sehr lichtbedürftig.
Der Strauch ist kalkhold. Die geeigneten Standorte sind deshalb Kalkböden, die auch flachgründig sein können, basenreiche Wassermangelstandorte, warme und trockene oder heiße Südhänge in Trockengebieten. Die Weichselkirche begnügt sich noch mit steinigen und trockenen Standorten, wenn basische Reaktion des Bodens vorhanden ist.

C Die Weichselkirsche sollte in verstärktem Umfang bei der Begrünung von Böschungen — auch in Industriegebieten (unempfindlich gegen chronische Einwirkungen von Rauchsäuren und Gasen) — verwendet werden.
Vermehrung wie *Prunus avium.*

Prunus padus Linné

Traubenkirsche, Ahlkirsche, Elsenkirsche, Elexenstrauch, Stinkbaum

A Bis 10 m hoher Großstrauch, der baumartig Höhen bis 15 m erreicht. Starkes Stockausschlagsvermögen. Die Rinde hat einen scharfen Essiggeruch.
Die Wurzelentwicklung geht mehr in die Breite als in die Tiefe. Auch die Wurzeln besitzen ein starkes Ausschlagsvermögen.
Das Holz ist leicht und weich, aber fest. Der Stockausschlag dient als Bindematerial und für Faßstreifen.
Die glänzendschwarzen Früchte können zur Herstellung von Marmeladen, Getränken und Essig genutzt werden. Auch für die Steine sollen Verwendungsmöglichkeiten bestehen. Die getrocknete Rinde ist als Droge gegen Fieber, als Beruhigungsmittel bei krampfartigen Erkrankungen und gegen Durchfall in Gebrauch.
Im April–Mai ist der Strauch wertvolle Bienenweide. Die Früchte sind als Vogelfutter begehrt.

B Gehölz der feuchten Ebenen und Flußauen, der Laubwälder und Bachränder. In den Alpen kommt es in Höhen bis um 1500 m vor.
Die Traubenkirsche bevorzugt frische bis feuchte, mineralkräftige, humose Böden, wobei sie Überflutungen verträgt. Die jungen Anschwemmungen der Bach- und Flußbereiche (Rohauböden) gehören deshalb ganz besonders zum natürlichen Wuchsbezirk. Hier ist sie auch am schnellfließenden Gewässer zu finden. Die Traubenkirsche gedeiht noch auf sandigen Standorten unter der Voraussetzung erreichbaren Grundwassers und übersteht hier zeitweilige Trockenheit.
Als Unterholz ist sie halbschattenverträglich.

C Wegen des starken Blattlausbefalls und der Virusverbreitung durch Blattläuse ist die Anpflanzung und Duldung der Traubenkirsche neben anderen Prunusarten (Obstgehölze) und in Ackerbaugebieten nicht zu empfehlen. Bei Massenauftreten der mehligen Traubenkirschenlaus wird das Getreide geschädigt (siehe Flugblatt der Biologischen Bundesanstalt Nr. 13). In den Früchten von Prunus padus vermehrt sich — wenn auch nur in geringem Umfang — die Kirschfruchtfliege (siehe Flugblatt Nr. 53 der BBA).
Für die Anpflanzung kommen insbesondere feuchte Waldränder und Flußufer in Betracht. Wegen ihrer Schnellwüchsigkeit eignet sich die Traubenkirsche auch zur Begrünung von Trümmerflächen, zumal sie gegen chronische Einwirkung von Rauchsäuren und Gasen nur wenig empfindlich ist.
Die Traubenkirsche leidet nicht unter Wildverbiß.
Die glänzendschwarzen Steinfrüchte reifen Ende Juli–August. Man zer-

quetscht sie und läßt sie bis zum Auswaschen im Bottich gären. Aussaat nach feuchter Stratifikation im Frühjahr. Manchmal liegt das Saatgut über. Auffallende Punktdrüsen am Blattstiel.

Prunus serotina Ehrhart

Prunus virginiana Linné

Späte Traubenkirsche, Spätblühende Traubenkirsche

A Einer der schnellwüchsigsten Großsträucher oder bis 8 m hoher Baum.
Das Holz ist für Tischlerarbeiten und die Möbelherstellung wertvoll.
Die reifen Früchte können zur Alkoholgewinnung und zur Geschmacksverbesserung bei Alkoholen verwendet werden. Die getrocknete Rinde wird als Droge gegen Lungenleiden und als Beruhigungsmittel benutzt.
Der Strauch ist Bienenweide. Die Früchte dienen als Vogelnahrung. Das *trockene* Laub — nicht das grüne — ist für das Weidevieh giftig.
Dottergelbe Haarleiste auf der Blattunterseite.

B *Prunus serotina* liebt für gutes Gedeihen frische, kräftige und humose Böden mit alkalischer Reaktion. Der Strauch gedeiht noch auf erschöpften Ackerböden und auf humosen Sanden. Gegen Bodennässe ist er unverträglich.
Klimatisch von Bedeutung ist das Bedürfnis nach vollem Licht. Das Gehölz verträgt aber Halbschatten. Im übrigen ist es ziemlich unempfindlich gegen Dürre sowie gegen Spätfröste.

C Prunus serotina ist ein bodenbiologisch sehr wichtiger Strauch. Er eignet sich besonders zur Begrünung trockener Standorte, auch leicht schattiger Stellen, sowie von Ufern und Halden. Bei Anpflanzungen an Weideland ist Vorsicht geboten, da das trockene Laub für das Vieh giftig ist.
Der Strauch leidet nicht unter Wildverbiß.
Aussaat nach einjähriger Stratifikation.

Prunus spinosa Linné

Schlehdorn, Schlehe, Schwarzdorn

A Bis 3 m hoher, sehr langsamer wachsender, dorniger Strauch, der auf den Stock gesetzt werden kann.
Flachwurzler mit gutem Bodenbefestigungsvermögen. Die Wurzeln streichen sehr weit und bilden hierbei Wurzelschößlinge.
Das Holz ist sehr hart und zäh. Es wird zu Drechslerarbeiten und das Reisig beim Bau von Gradierwerken verwendet.
Die Früchte sind erst nach Frosteinwirkung roh genießbar und im übrigen zur Gelee-, Marmeladen-, Süßmost- und Saftherstellung geeignet. Getrocknete Blüten und Früchte sind gebräuchliche Drogen gegen Magen- und Darmkrankheiten sowie Blasenleiden; auch wirken sie blutreinigend und schmerzstillend.
Für die Vogelwelt bietet der Strauch nur mäßige Nistgelegenheit, da keine Astquirle gebildet werden. Doch ist er ein gutes Vogelschutzgehölz zur Sicherung gegen Raubwild. Die Früchte dienen als Vogelnahrung. Die Blüte im April–Mai ist eine wertvolle Bienenweide. Auch im Schnitt gehaltene Gehölze bringen noch eine geringe Blüte.

B Der Schlehdorn ist ein Strauch der Ebene, des Hügellandes und des Gebirges bis 900 m. Er gedeiht in Hecken, an Waldrändern und steinigen Waldplätzen und liebt sonnige und warme, trockene Standorte; nasse Lagen meidet er. In den Auen kommt er deshalb nur auf trockenen Stellen vor, die entweder gar nicht oder nur kurzfristig überschwemmt werden. Der Schlehdorn bevorzugt mineralkräftige, lehmige und kalkhaltige Böden (Kalkanzeiger!), ist aber nicht kalkgebunden. Je trockener der Boden, desto größer ist das Kalkbedürfnis (basenreiche Wassermangelstandorte, z. B. Rendzinen).
Das Schlehdorn ist ein winterhartes und windhartes Gehölz. Er gilt als fakultative Schattenpflanze.
Phänologie: Der Schlehdorn blüht im Erstfrühling (Frühkartoffelbestellung, Futterrübenaussaat). Laubentfaltung am Beginn des Vollfrühlings (Spätkartoffelbestellung).

C Der Schlehdorn ist ein Pioniergehölz für bindige Rohböden, kalkhaltige Skelettböden, Schotterterrassen, geröllreiche Halden und Trümmerflächen. Zur Befestigung von Böschungen und trockenen Hängen eignet sich der sperrige Strauch ebenso wie für dichte Schutzpflanzungen (besser als Stacheldraht!).
In den Ackerfluren ist die Anpflanzung nur begrenzt zu empfehlen, da der Boden zu intensiv durchwurzelt wird (unter Umständen Muldenpflanzung), doch ist er ein wertvolles Schneeschutzgehölz.
In der Waldwirtschaft ist der Schlehdorn nur als Waldmantelgehölz verwendbar. Seine Rinde wird durch Reh, Hase und Kaninchen verbissen. In der Nähe von Obst- und Hopfenpflanzungen sollte der Strauch nur bedingt

geduldet werden, da er Brutstätte vieler Obstbaumschädlinge ist (Zwetschenschildlaus und Gespinstmotten), außerdem Winterwirtspflanze der Hopfenblattlaus (Flugblatt Nr. 13 der BBA).
Reife der schwarzblauen, bereiften Steinfrüchte im Oktober. Nicht ganz vollreife Früchte ernten — der Stein darf noch nicht ganz hart sein — und das Fruchtfleisch entfernen. Aussaat sofort oder nach mäßig feuchter Stratifikation bis zum 1. Frühjahr. Trotzdem liegt das Saatgut meist über. Deshalb ist die Stratifikation bis zum 2. Herbst oder 2. Frühjahr vorteilhafter.

Quercus petraea Lieblein

(*Quercus sessilis* Ehrhart — *Quercus sessiliflora* Salisbury)

Traubeneiche, Steineiche, Wintereiche, Kohleiche

A Bis über 40 m hoher Baum mit starkem Stockausschlagsvermögen ähnlich *Carpinus betulus.*
Das Wurzelwerk ist kräftig aber nicht intensiv. Es durchdringt dicht gelagerten Geschiebelehm und schließt kalkreichen Unterboden auf.
Das Holz ist eines der wertvollsten Nutzhölzer und von ähnlicher Qualität wie die Stieleiche, jedoch leichter zu bearbeiten. Die Möbelindustrie bevorzugt das Holz der Traubeneiche für Furniere. Fässer für alkoholische Getränke werden fast nur aus Eichenholz hergestellt. Die Rinde enthält 16 % Gerbstoffe. Keiliger Blattgrund.
Getrocknete Rinde und geröstete Eicheln (Eichelkaffee) werden als Droge verwendet und wirken bei Durchfall und äußerlich gegen Ausschlag und übermäßige Transpiration. Getrocknete Blätter sind Bestandteil von Tees zu Frühjahrskuren.
Die Eiche liefert Pollen im Mai und Blatthonig in der Haupttrachtzeit bis etwa Ende Juni. Im Schnitt gehaltene bzw. auf den Stock gesetzte Gehölze sind gute Nistgelegenheiten für die Vogelwelt. Eicheln für Schweinemast und als Wildfutter.

B Die Traubeneiche ist ein Baum des atlantischen Klimabereiches. Sie meidet wie die Buche kontinentales Klima. Der Baum leidet in kalten kontinentalen Wintern unter Frostrissen u. a. m. Edaphisch ist die Traubeneiche ein Baum des Hügel- und Berglandes; sie geht etwas höher hinauf als *Quercus robur:* z. B. Harz 580 m, Schwarzwald 970 m. Selten oder gar nicht anzutreffen ist sie in den tiefen Küstenlagen Schleswig-Holsteins, auf den Nordseemarschen und Nordseeinseln. Hier kommt eher die Stieleiche vor, weil die Traubeneiche exponierte Gebiete mit starken Westwinden meidet.
Die Traubeneiche ist licht- und wärmeliebend. Südexpositionen sind sehr günstig, zumal sie auch sommerliche Trockenheit gut übersteht. Die Ansprüche an das Licht sind etwas geringer als bei *Quercus robur.* Da der Blattaustrieb etwas früher als bei der Stieleiche erfolgt, ist die Traubeneiche spätfrostempfindlicher. Deshalb erfolgt der Anbau allgemein in örtlich höheren Bezirken als *Quercus robur.*
Die Traubeneiche kommt für leichtere und warme Böden, z. B. für saure Sand- und Sandsteinböden (Keuper) in Betracht. Sie mag keine Kalkböden, auf denen sie als Waldbaum von der Buche verdrängt ist. Allgemein stellt sie an die Bodenkraft und Bodenfeuchtigkeit geringere Ansprüche. Anlehmig und tiefgründige Sande mit mittlerem Nährstoffgehalt sind die geeigneten Standorte.

C Eichen müssen als Harthölzer jung gepflanzt werden, auch ist die

Aussaat sehr zu empfehlen. Bei der Anpflanzung an Ufern gebe man z. B. Pappeln als Schattenschirm. Beide Haupteichenarten sind in rauchgefährdeten Gebieten unempfindlich bis mäßig empfindlich. Ältere Eichen können bis zu einem Drittel ihres Stammes eingefüllt werden, jedoch nur mit lockerem Boden. Bemerkenswert ist ihre besondere Blitzgefährdung.
Das Laub wirkt auf den Boden stark versauernd. Wenn die Traubeneiche stets auf den Stock gesetzt wird, behält sie das Laub auch im Winter. Die Triebspitzen der Jungpflanzen leiden unter Wildverbiß durch Reh, Hase und Kaninchen.
Reife der Eicheln im Oktober. Ernte durch Auflesen ab November. Aussaat gleich nach der Ernte, da die Keimung oft schon im Herbst nach Abfall der Eicheln einsetzt, oder mäßig feucht stratifizieren (kühle Aufbewahrung, vermischt mit Sand) und im März–April aussäen.
Keimung nach etwa 6 Wochen.

Quercus pubescens Willdenow

(*Quercus lanuginosa* Thuillier)

Flaumeiche, Krummeiche, Schwarzeiche, Weichhaarige Eiche

A Mittelgroßer, bis 15 m hoher Baum. Sehr krummwüchsig, deshalb oft strauchartig.
Die Qualität des Holzes übertrifft an Festigkeit, Härte, Schwere und Dauerhaftigkeit alle anderen Eichenarten.
Geschweifter Blattgrund, gestufte Blattlappen.

B Die Flaumeiche gehört in das mediterran-pontische Wuchsgebiet und liebt deshalb warme, sonnige, basenreiche Wassermangelstandorte (z. B. Rendzinen, Kalkhügel, heiße Südhänge in Trockengebieten). Nördlich der Alpen kommt sie nur inselartig vor, z. B. im südlichen Baden, in Süddeutschland und im Saaletal bei Jena.

C Keine besonderen Hinweise.
Vermehrung wie Stiel- und Traubeneiche.

Quercus robur Linné

(*Quercus pedunculata* Ehrhart)

Stieleiche, Sommereiche

A 30–35 m hoher, sturmfester Baum mit breiter, lichter Krone. Starker Stockausschlag aus schlafenden Augen wie bei *Carpinus betulus.*
Sehr starkes Durchwurzelungsvermögen bei intensiver Tiefendurchwurzelung. Zuerst kräftige Pfahlwurzelbildung, später kräftige Herzwurzeln.
Eines unserer besten Nutzhölzer: hart, fest und elastisch. Deshalb große Dauerhaftigkeit und Tragkraft. Unter Wasser unzerstörbar. Industriell wird es für den Schiffbau, Land- und Wasserbau, ferner handwerklich als Parkett- und Möbelholz und in der Tischlerei dringend benötigt. Der Brennwert des Holzes ist geringer als derjenige der Rotbuche. Die Eichenrinde ist gerbstoffreich. Geöhrter Blattgrund.
Die Eichenrinde und die Eichen dienen als Droge; im einzelnen siehe *Quercus petraea.*
Die Eicheln enthalten 4,5–8 % Öl. Sie sind Haustier- und Wildfutter, deshalb sind süßfrüchtige Bäume wertvoller. Auch als Vogelfutter nutzbar. In dem belaubten Stockausschlag bieten sich gute Nistgelegenheiten für die Vogelwelt. Der Pollen wird im Mai und der Blatthonig in der Haupttrachtzeit bis Ende Juni als Bienenweide benötigt.

B Die Stieleiche liebt sowohl das kontinentale als auch das atlantische Klima. Die Ansprüche an die Luftfeuchtigkeit sind so geringer als bei der Traubeneiche.
Für bestes Gedeihen ist der Wärmefaktor ausschlaggebend. Die Stieleiche ist ein Baum des Flachlandes, der Niederungen und der Auen. Hier findet sie die wärmeren Standorte, zumal sie — wie z. B. die Flatterulme — steppenartiges Klima verträgt. Im Bergland als zweitem natürlichem Wuchsbezirk reicht die Stieleiche nicht so hoch hinauf wie die Traubeneiche: im Harz 490 m, Schwarzwald 700 m, Bayerische Alpen bis 950. Süd- bis südwestexponierte Lagen werden hier gegenüber Nord-Nordost-Lagen bevorzugt.
Die Ansprüche an das Licht sind mit zunehmendem Wachstum hoch. Die Stieleiche verträgt nur in der Jugend etwas Schatten. Die Empfindlichkeit gegen Frühfröste ist durch den späteren Blattaustrieb nicht so groß wie bei der Traubeneiche. Frühfröste werden gefährlich, wenn auf ungünstigen Standorten die Triebe nicht genügend ausreifen können.
Das beste Wachstum wird auf mineralkräftigen, tiefgründigen, frischen bis feuchten, alkalischen Böden erreicht, z. B. schwere Lehmböden, Schlickböden in den Überschwemmungsgebieten größerer Flußläufe und Bruchhumusböden. Der Baum ist für fast alle Böden geeignet, meidet aber die flachgründigen.
Stiel- und Traubeneiche erschließen tiefliegendes Grundwasser. Deshalb zehrt die Stieleiche gern aus dem Grundwasser. Sie verträgt Stauwasser

und längere Überschwemmungen bis zu 6 Wochen Dauer. Gegen Grundwasserabsenkungen ist sie noch empfindlicher als die Traubeneiche, was sie durch Zopfdürre oder Absterben der ganzen Krone anzeigt.
Phänologie: Blüte und Laubentfaltung im Vollfrühling (Frühkartoffelaufgang). Reife der Früchte am Beginn des Vollherbstes (Wintergerste- und Winterroggenaussaat). Laubverfärbung im Vollherbst (Winterroggenaufgang, Futterrübenernte). Blattfall im Spätherbst (Winterweizenaufgang).

C Die Stieleiche eignet sich besonders zur Spülsand- und Uferbepflanzung, weil sie den Boden gut aufschließt. Zur Bodenpflege bedarf sie aber der Begleiter, weil ihr Laub im Boden stark versauernd wirkt. Als Sturmbrecher, als Gerüst- und Schutzpflanzung im Hochwasserbereich, ferner in älteren Küstendünen leistet sie wertvolle Dienste. Sie ist lichtdurchlässig und bester Nachbar für landwirtschaftliche Kulturen.
Eichenjungwuchs liebt den Schattenschirm. Hierfür ist z. B. an Ufern die Pappel geeignet. Die Triebspitzen leiden unter Wildverbiß. Alte Eichen sind blitzgefährdet.
Vermehrung wie *Quercus petraea.*

Quercus rubra

(*Quercus rubra* Linné — *Quercus borealis* Michaux — *Quercus ambigua* Michaux)

Roteiche, Amerikanische Roteiche

A Bis 25 m hoher, besonders in der Jugend schnellwüchsiger Baum mit breiter Krone.
Intensive und weitstreichende Durchwurzlung des Bodens. Das Gehölz ist Flach- und Tiefwurzler.
Das Holz ist weniger dauerhaft als bei den anderen Quercus-Arten.

B Wie alle Eichen ist auch die Roteiche eine Lichtholzart. Sie begnügt sich gegenüber den europäischen Eichen mit weniger Wärme, ist jedoch ebenso empfindlich gegen Früh- und Spätfröste.
Die Roteiche bevorzugt besonders auf feuchten Sanden alkalische Bodenreaktion und erreicht ihr bestes Wachstum auf frischen, humosen Böden mit erreichbarem Grundwasser. Bezüglich des Bodens ist der Baum aber anspruchsloser als die anderen Eichenarten. Anlehmige Sande, selbst geringwertige Sand- und Rohböden kommen noch in Betracht und geben beachtliche Wuchsleistungen, wenn das Grundwasser erreichbar ist.

C Bei Neupflanzungen muß beachtet werden, daß das Anwachsen von Roteichen-Jungpflanzen bei Anwesenheit von Ammen (z. B. Eberesche, Roterle) begünstigt wird. Die ersten 3–4 Jahre werden für die Ausbildung des Wurzelwerkes benötigt, so daß die oberirdische Wuchsleistung sehr gering ist. Die Benachbarung mit nur gleich stark wachsenden Gehölzarten ist aus diesem Grunde wichtig. In der Literatur wird die Anpflanzung in Wuchsbezirken und auf Standorten von Pinus strobus empfohlen. Hier wird einschränkend auf die unterschiedliche Reaktion beider Gehölze betr. Früh- und Spätfröste hingewiesen.
In der Nähe landwirtschaftlicher Kulturen wird bei der Anpflanzung zur Vorsicht geraten, da das Wurzelwerk zu weit streicht. (Straßenbäume!).
Die Triebspitzen der Roteiche werden durch Reh, Hase und Kaninchen verbissen. Gegen Schädlinge (z. B. Wickler) ist sie weniger anfällig als die anderen Eichenarten.
Das Laub wirkt stark bodenverbessernd, so daß die Roteiche — auch wegen ihrer intensiven Bodendurchwurzelung — zur Rohbodenfestlegung geeignet ist. Die Roteiche ist besonders unempfindlich gegen chronische Einwirkung von Rauchsäuren und Gasen und eignet sich zur Begrünung von Halden (z. B. Waschberge) mit relativ niedrigen pH-Werten und Trümmerflächen.
Samenernte im Oktober. Aussaat im Herbst oder Frühjahr.

Quercus rubra

Rhamnus cathartica Linné

Kreuzdorn, Wegdorn

A Langsamwüchsiger, bis 3 m hoher Strauch, der baumartig aber Höhen bis 8 m erreichen kann. Nur geringer Stockausschlag. Der Strauch bildet leicht Absenker.
Der Kreuzdorn bildet auch Wurzelsprosse.
Das Holz ist sehr hart und kann in der Drechslerei verwendet werden, z. B. gemaserte Wurzelstöcke für Schmuckmöbel. Unreife Beeren sind zur Herstellung von Saftgrün als Malerfarbe verwendbar.
Getrocknete Rinde und die Beeren dienen als Droge und sind bewährte, stark wirkende Abführmittel; aus reifen Beeren kann ein entsprechender Sirup hergestellt werden. Die Früchte sind giftig.
Die Sträucher bieten der Vogelwelt Nistgelegenheit, ihre Früchte sind Vogelfutter. Blätter gegenständig.

B Der Kreuzdorn ist ein Gehölz der Ebene und des Hügellandes. In bezug auf die Wasserverhältnisse des Bodens verträgt er anhaltende Feuchtigkeit nicht gut und ist auf nassen Standorten ausgesprochen unverträglich. Der Strauch liebt aber erreichbares Grundwasser. Er ist nicht kalkgebunden, bevorzugt jedoch kalkhaltige, steinige Standorte, z. B. warme, trockene Süd- und Westhänge auf flachgründigen Kalkböden. Er ist unempfindlich gegen zeitweilige Dürre, so daß der Strauch auch auf trockenen und sandigen Böden gedeiht.
Der Kreuzdorn ist halbschattenverträglich, im übrigen aber lichtbedürftig, so daß sonnige Standorte am günstigsten sind.

C Auf den Blättern des Kreuzdorns entwickeln sich die Aecidien vom Kronenrost des Hafers *(Puccinia coronifera).* Wenn auch keine gesetzlichen Grundlagen zur begrenzten Anpflanzung des Kreuzdorns bestehen, so weist das Flugblatt Nr. 15 der Biologischen Bundesanstalt auf die Vernichtung der Zwischenwirte beim Getreiderost hin: »Die restlose Vernichtung der Berberitze (Wirtspflanze des Schwarzrostes des Getreides, *Pucciania graminis*) und des Kreuzdorns muß unbedingt gefordert werden, weil die Überwindung des Schwarz- und Kronenrostes ohne diese unter unseren klimatischen Verhältnissen fast unmöglich ist.« Der Kreuzdorn ist ferner Winterwirtspflanze der Grünen Gurkenlaus *(Doralina gossypii),* die Überträger pflanzlicher Viruskrankheiten ist. Durch Massenauftreten kann sie u. a. die Kartoffel als Sommerwirtspflanze stark schädigen (Flugblatt Nr. 13 der BBA).
Der Kreuzdorn ist im besonderen zur Spülsand- und Rohbodenfestlegung geeignet.
Reife der schwarzen, erbsengroßen Steinfrüchte im September. Ernte durch Pflücken nach der Reife. Das Fruchtfleisch muß im Wasser entfernt und das Saatgut mäßig feucht stratifiziert werden. Aussaat im Frühjahr. Manchmal liegt das Saatgut 1 Jahr über. Keimung nach 4–6 Wochen.

Rhamnus cathartica

Rhamnus frangula Linné

(*Frangula alnus Miller*)

Faulbaum, Pulverholz, Zapfenholz, Grindholz

A Bis 4 m hoher, raschwüchsiger Strauch, der baumartig bis 7 m Höhe erreicht. Der Strauch bildet viel Stockausschlag, der meist senkrecht in die Höche wächst. Fauliger Geruch der Rinde.
Der Faulbaum neigt zu Wurzelbrutbildung.
Das Holz ist weich und leicht. Es eignet sich für die Herstellung von Schirm- und Spazierstöcken. Die Rinde kann zum Färben verwendet werden.
Drogen aus getrockneter Rinde und Früchten sind wie beim Kreuzdorn sichere Mittel gegen chronische Verstopfung und deren Folgeerscheinungen.
Die Sträucher bieten gute Nistgelegenheiten für die Vogelwelt. Die Beeren sind Vogelfutter und die Blüten dienen im Mai–Juni als Bienenweide.
Blätter gegenständig.

B Der Faulbaum kommt in der Ebene und im Gebirge vor, wo er ein typisches Gehölz der feuchten Ufer und Niederungen ist.
Er liebt gleichmäßig frische bis feuchte, sogar sumpfige Böden der Auen und gedeiht auf moorigen und anmoorigen Böden, weil er saure Bodenreaktion bevorzugt. Er benügt sich auf solchen Standorten auch mit vorübergehend trockeneren Verhältnissen. Sein Vorkommen erstreckt sich ferner auf sandige und Sandsteinböden, wenn genügend Feuchtigkeit vorhanden ist. Als fakultative Schattenpflanze verträgt der Faulbaum sowohl starke Beschattung als auch sonnige Standorte.
Phänologie: Der Faulbaum blüht am Ende des Erstfrühlings (Spätkartoffelbestellung).

C Der Faulbaum ist wie der Kreuzdorn Winterwirtspflanze der Grünen Gurkenlaus *(Doralis frangulae)*, jedoch keine Wirtspflanze vom Haferrost *(Puccinia coronifera)*. Siehe Flugblatt Nr. 13 der BBA.
Der Faulbaum ist wenig rauchempfindlich, auch leidet er nicht unter Wildverbiß.
Die Beeren reifen im Juli–August. Wenn sie sich nach der Reife von rot nach schwarz verfärben (August–September), werden die Beeren gepflückt. Das Fruchtfleisch wird zerquetscht und nach Gärung im Bottich von den Samen entfernt. Die Samen werden mäßig feucht stratifiziert. Aussaat im Frühjahr. Keimung nach wenigen Wochen (schneller als bei *Rhamnus cathartica*), jedoch manchmal ein Jahr Überliegen.

Rhamnus frangula

Ribes alpinum Linné

Alpenjohannisbeere, Bergjohannisbeere

A Bis 2 m hoher, buschiger Strauch mit recht langsamem Wuchs.
Von allen Laubgehölzen wird dieser Strauch bevorzugt als Nistgelegenheit von der Vogelwelt benutzt.
Im April–Mai ist er wertvolle Bienenweide.

B Die Alpenjohannisbeere hat ihren Wuchsbezirk in den feuchten Laubwäldern der Ebenen und an felsigen Orten der Bergwälder bis zu den Alpen. Die Wärmeansprüche sind nicht gering.
Allgemein liebt der Strauch mittlere bis schwere, nährstoffreiche Böden. Alkalische Bodenreaktion bzw. entsprechende Kalkböden sind Voraussetzung für gutes Gedeihen.
In bezug auf die Feuchtigkeit aber gliedern sich die Standortsansprüche: Einerseits liebt der Strauch feuchte Standorte, sogar nasse Standorte sind möglich. In dieser Gruppe gedeiht die Alpenjohannisbeere auch auf sandigen Böden.
Andererseits sind bei genügender Beschattung (der Strauch verträgt tiefen Schatten!) oder stärkerer alkalischer Bodenreaktion noch trockenere Böden geeignet, wie z. B. felsige Hänge, warme basenreiche Wassermangelstandorte und auch sandige Böden.
Alle Ribes-Arten sind fakultative Schattenpflanzen.

C Da die Alpenjohannisbeere dem Schatten- und Wurzeldruck von Bäumen sehr gut widersteht, sollte sie als Unterpflanzung mehr verwendet werden. Sie ist ein Strauch auch für die äußerste Randpflanzung, z. B. vor *Cornus*-arten, und hat die gute Eigenschaft, sehr früh das Laub zu entfalten und bis in den Herbst hinein grün zu bleiben. Durch die geringe Höhe des Strauches und seinen dichten Wuchs ist er hervorragend für niedrige, ungeschnittene Hecken oder flächige Bepflanzung von Reststücken und Sichtdreiecken an Verkehrsstraßen geeignet.
Die Alpenjohannisbeere ist ein industrie- und wildverbißfestes Gehölz.
Das Steckholz wird im September geschnitten und gesteckt, so daß es noch im Herbst Wurzeln bilden kann. Die Vermehrung kann auch durch krautige Stecklinge im Juni–Juli erfolgen.

Ribes alpinum

Ribes grossularia Linné

(*Ribes uva-crispa* Linné)

Stachelbeere, Gebirgsstachelbeere

A Bis 1,5 m hoher Kleinstrauch mit sehr frühzeitigem Laubausbruch. Die Früchte werden bekannterweise zur Herstellung von Marmeladen, Wein und Most verwendet.
Der Strauch bildet einen guten Nistschutz für die Vogelwelt. Die Beeren sind Vogelfutter.
Zu Beginn der Frühtracht ist die Stachelbeere als Pollen- und Honigspender eine gute Bienenweide.

B Die Stachelbeere ist ein Schattengehölz; sie ist an Waldrändern, in Hecken und auf steinigen Waldstellen zu finden. An den Boden stellt sie mäßige Ansprüche. Für ärmere Böden ist sie noch geeignet, wenn genügend Beschattung vorhanden ist. Auf sonnigen Standorten ist sie aber empfindlich und gedeiht hier schlecht.
Phänologie: Das Laub entfaltet sich am Beginn des Erstfrühlings (Aufgang des Sommerweizens, der Sommergerste und des Hafers).

C Die Stachelbeere kommt insbesondere zur Begrünung von Nordhängen in Betracht. Auch zur Unterpflanzung ist sie hier sehr gut geeignet. In dichten Randpflanzungen gewinnt sie Bedeutung, weil sie den Zutritt von Mensch und Tier verwehrt. Das Wachstum leidet, wenn der Strauch auf den Stock gesetzt wird.
Die größere Bedeutung besitzt die Stachelbeere aber mit ihren veredelten Sorten im Beerenobstbau.
Im Juni–Juli werden krautige Stecklinge geschnitten. Üblich aber ist die Vermehrung durch Ableger im März–April.

Ribes nigrum Linné

Schwarze Johannisbeere, Ahlbeere, Schwarze Ahlbeere, Wanzenbeere, Gichtbeere

A Bis 2 m hoher Strauch mit wanzenartigem Geruch.
Die Beeren dieses wertvollen Fruchtgehölzes haben einen hohen Vitamin-C-Gehalt. Sie sind deshalb für die Saft- und Marmeladenherstellung von hoher Bedeutung.
Getrocknete Blätter und die Früchte dienen zur Herstellung von Drogen und ergeben Mittel gegen Gicht und Wassersucht, Husten und Erkältung. Auch wirken sie harn- und schweißtreibend.

B Die schwarze Johannisbeere ist ein Strauch der feuchten Bruch- und Auenwälder in den Ebenen und Flußtälern.
Das beste Wachstum erreicht sie auf frischen bis feuchten, humosen Böden der Niederungen. Sie liebt Schatten, insbesondere, wenn der Standort weniger feucht ist. Hier ist sie sehr anpassungsfähig.

C Wie alle Ribes-Arten ist der Strauch wegen einer großen Schattenverträglichkeit besonders für Unterpflanzungen und Randpflanzungen geeignet. Durch Wildverbiß wird er nicht geschädigt. Auch gilt er als industriefest.
Die übliche Vermehrung geschieht durch Steckholz, das im September geschnitten und gesteckt wird. Die Bewurzelung erfolgt dann noch im Herbst.

Robinia pseudoacacia Linné

Robinie, Falsche Akazie, Scheinakazie, Schotendorn, Weiße Robinie

A Mittelgroßer, bis 25 m hoher Baum mit raschem Jugendwachstum. Starker Stockausschlag.
Tiefgehendes und weitverzweigtes Wurzelwerk. Zuerst Pfahlwurzel, später bis 20 m weit streichende Seitenwurzeln. Dieses feine Wurzelwerk ist mit zahlreichen Wurzelknöllchen besetzt, deren Wurzelpilz Luftstickstoff verarbeitet und deshalb ein großes Luftbedürfnis hat. Wenn die Wurzeln verletzt werden, wird reichlich Wurzelbrut gebildet, die im Alter ebenso lästig werden kann wie der Stockausschlag.
Das feine Holz ist schwer, hart, sehr zäh und biegsam. Es findet vielseitig Verwendung: vorzüglich für Erd- und Wasserbauten sowie für Drechsler- und Schnitzarbeiten. Hoher Brennwert. 40–50jährige Robinien ergeben das beste Holz. Blätter unpaarig gefiedert.
Die Blüten sind als Honigweide für die Bienen Ende Mai–Anfang Juni wertvoll (Beginn der Haupttracht). Rinde, Wurzeln und Samen enthalten giftig wirkende Proteide und alkaloide Wirkstoffe. Rinde und Laub sind giftig für Pferde. Für Kühe und Ziegen ist das Laub aber ein gutes Futter.
Die Rindenspalten alter Bäume dienen der Vogelwelt als Nistplatz.

B Die Robinie liebt mildes Klima, meidet rauhe Lagen und kommt deshalb nur bis etwa 600 m Höhe vor. Sie verträgt Hitze und Dürre sehr gut, ist aber spät- und frühfrostempfindlich, wobei die Spitzentriebe absterben. Ihre Ansprüche an das Licht sind hoch.
Ihr bestes Wachstum erreicht die Robinie auf lockeren, kräftigen, mäßig frischen, warmen Böden mit basischere Reaktion (z. B. lehmige Sande). Sie gedeiht noch auf armen und trockenen Sand- und Kiesböden, Geröll- und Rohböden, Steinbrüchen und Halden. Je leichter der Boden, um so verzweigter ist allerdings das Wurzelwerk. Die Ansprüche an die Bodenfeuchtigkeit sind mäßig. Dichte, schwere, nasse oder moorige Standorte sind ungünstig, weil auch das Luftbedürfnis befriedigt werden muß. Sie meidet ausgesprochene Kalkböden.
Phänologie: Das Laub entfaltet sich spät am Ende des Vollfrühlings (Spätkartoffelaufgang, 1. Schnitt des Rotklees). Die Blüte zeigt den Beginn des Frühsommers an (Blühbeginn der Gräser, Winterroggenblüte, erste Ähren des Winterweizens, 1. Wiesenschnitt).

C Die Robinie gedeiht mit typischer Nitrat- und Humusflora. Sie ist ein unverträgliches Gehölz, auch mit den unmittelbaren Folgearten, weil sie einen Stickstoff aussondert, der nur vom Holunder, der Brennessel, Quecke und dem Labkraut vertragen bzw. verarbeitet wird. Im Umkreis wachsen als erstes nur Weißdorn, Eberesche, Eiche, Brombeere und Himbeere. Alle anderen Gehölzarten werden zunächst unterdrückt. Deshalb sollten in der Mischung mit anderen Gehölzen nur größere Gruppen

angepflanzt werden.
Die Robinie diehnt als Erstbesiedler von lockeren Sand-, Kies- und Geröllböden, Steinbrüchen, Spülflächen, Dämmen, Böschungen, Schutthalden und Trümmerflächen, zumal sie resistent gegen Rauchgase ist und überhaupt als industriefest gilt. Sie bindet den Boden gut (Reinkultur zur Befestigung von Südhängen). Ein besseres Anwachsen wird erzielt, wenn aus Robinienböden Impferde beigegeben wird. Das Laub wirkt bodenverbessernd.
Sehr vorteilhaft als Waldmantelgehölz an Kiefernwäldern. Rechtzeitig auf den Stock setzen, sonst Bodenschädigung. Nach mehrmaligem Umtrieb sind Wuchsstockungen festzustellen. Rinde und Triebspitzen leiden unter Wildverbiß. Dann sollte man die Pflanzen stark zurückschneiden. Die Robinie ist für Bodenschutzpflanzungen ungeeignet. Wegen der Gefahr des Schildlausbefalls in Pflaumenkulturen ist bei der Anpflanzung von Robinien eine Distanz von mehr als 1 km erwünscht.
Zusammenfassung: Trotz ungünstiger Eigenschaften als Gesellschafter und ihres allgemeinen Versagens als Pioniergehölz ist die Robinie als Leguminose ein wertvoller Bodenverbesserer und Wuchsförderer.
Reife der Hülsen Ende Oktober. Die Samen bleiben bis in den Winter am Baum. Samenernte Oktober bis Februar durch Pflücken. Saatgut trocken aufbewahren. Aussaat April–Mai, vorher in Wasser anquellen. Keimung nach wenigen Wochen. Keimfähigkeit: 30 Jahre.

Rosa canina Linné

Hundsrose, Heckenrose, Heiderose, Hagebuttenrose

A Bis 3 m hoher, raschwüchsiger Strauch.
Tiefwurzler.
Das Holz kann zu Drechsler- und Kunsttischlerarbeiten verwendet werden. Die Scheinfrüchte (Hagebutten) sind stark Vitamin-C-haltig und eßbar. Sie besitzen einen Ölgehalt von 2–2,7 % und können zu Marmeladen und Likör sowie zur Teebereitung benutzt werden. Entkernte Hagebutten und die Samen dienen als Droge und werden gegen Keuchhusten, Darmkatarrh und Entzündung der Niere und Blase angewendet.
Die dichten Sträucher sind als Vogelschutzgehölz und als Wilddeckung besonders geeignet. Die Früchte dienen als Vogelnahrung und Wildäsung. Die Blüten sind Bienenweide und Hauptpollenspender in den Sommermonaten.

B Die Hundsrose ist ein absolut winterharter Strauch der Ebene und des Gebirges (bis 1000 m). Sie erreicht ihr bestes Wachstum auf kalkhaltigen oder basischen, warmen und sonnigen Standorten mit leichten bis mittelschweren, nährstoffreichen Böden, z. B. auch Hänge mit flachgründigen Kalkböden. Sie bevorzugt hierbei feste und meidet lockere Böden. Stets sind trockenere Standorte günstiger als solche mit Bödennässe, auf denen sie sehr unverträglich ist.
Die Hundsrose ist ein lichtbedürftiges Gehölz, verträgt als fakultative Schattenpflanze aber etwas Schatten.

C Die Hundsrose ist ein vorzüglicher Befestiger von festen Steilböschungen in Südlage, von Kies- und Sandgruben, von Muschelkalkstandorten, Steinbrüchen, Halden und Trümmerflächen. Bei der Verwendung mit anderen Gehölzen ist das Pflanzen in größeren Gruppen vorteilhaft, um Selbstbeschattung und Schutz vor starkem Wind zu erreichen. Auch wird empfohlen, die Begrünung der genannten Standorte durch Aussaat von stratifiziertem Saatgut — zusammen mit Weißdorn- und Schlehdornsaat — durchzuführen.
Die Verwendung der Hundsrose sollte sich ferner auf Waldmantelpflanzungen und auf die Begrenzung von Viehweiden erstrecken, da sie keinem nennenswerten Verbiß (auch nicht durch Wild) ausgesetzt ist.
Die Hagebutten reifen im Oktober. Die Ernte erfolgt nach der Vollreife. Die Früchte werden aufgeschnitten und entkernt. Erst nach mindestens einjähriger Stratifikation ist im Oktober–November oder im nachfolgenden Frühjahr eine Aussaat erfolgreich. Sonst liegt das Saatgut z. T. über. Keimfähigkeit: 1–5 Jahre.

Rosa rubiginosa L.

Rosa eglanteria Linné

Weinrose, Schottische Zaunrose

A Bis 2 m hoher Strauch mit ähnlichen Ansprüchen und Eigenschaften wie *Rosa canina.* Vermehrung und Pflanzung wie *Rosa canina.* Der Strauch eignet sich zur Haldenbegrünung, da er in Industriegebieten unempfindlich ist. Wildäsungsgehölz.
Von *R. canina* sehr deutlich unterschiedene Art. Blütenfarbe intensiv rosa und kleiner als bei der vorigen Art. Dafür aber stark nach Wein duftend. Auch den Blättern und Früchten entströmt dieser starke Weinduft im Sommer, weil die Blüten und Fruchtstiele sowie die Unterseite der Blätter mit zahllosen Drüsenhaaren besetzt sind, die ätherisches Öl verdunsten.
An sonnigen Sommertagen, besonders bei schwülem Wetter, ist diese Rose selbst auf größere Entfernung (10–20 m) schon an ihrem Duft zu erkennen. Das Laub duftet übrigens auch noch nach dem Verblühen bis in den Herbst hinein.

B Für sonnige Plätze am Waldrand, an Böschungen von Sandgruben, Tongruben und dgl. ist diese Art eine immmer wieder überraschende Erscheinung, zumal sie auch im Winter mit ihren fast kirschgroßen Hagebutten eine nicht nur landschaftliche Zierde darstellt.

C Findet sie genügend Platz, so ist sie auch heute bereits im urbanen Bereich vielfach gerade wegen ihrer Blütenpracht und ihres Duftes verbreitet. Verbreitung durch Vögel, Vermehrung durch Saat.

Rosa rugosa Thunberg

Kartoffelrose, nord. Apfelrose

A Bis 1,5 m hoher Strauch. Die Früchte können zur Wein- und Musbereitung verwendet werden. Vogelschutzgehölz. Die Früchte dienen als Vogelnahrung. Bienenweide. Klimatisch harter Strauch, der auch auf leicht sauren Böden gedeiht. Die Eignung erstreckt sich auf die Befestigung von Rohböden, Böschungen und Spülsandflächen. Kein Wildverbiß.

B Der Strauch stammt aus China, Korea und Japan. Bei uns ist er wohl hauptsächlich durch seine Eignung zur Sicherung und Begrünung von Küstendünen so z. B. in Holland seit langem bekannt und durch Anpflanzung verbreitet worden. Die Rose ist aber auch ein beliebtes Rosengewächs für urbane Verwendung, weil sie mit ihrem verhältnismäßig niedrigen Wuchs zu geschlossenen Rosenrabatten und Hecken verwendet werden kann.

C In der freien Landschaft des Binnenlandes sollte sie aber nur mit großer Zurückhaltung verwendet werden, weil sie hier bei uns nicht nur florenfremd, sondern auch standortfremd ist und deshalb der Landschaft im Sinne des Naturschutzes und der Landschaftspflege ein unerwünschtes urbanes Gepräge verleiht. Es ist auch zu berücksichtigen, daß diese Art Ausläufer treibt und damit in die Breite wächst. Im Bereich der Küstendünen ist sie heute ein durchaus erwünschtes und wertvolles Schutzgehölz.

Rosa rugosa

Rosa spinosissima Linné

(*Rose pimpinellifolia* Linné)

Dünenrose, Bibernellrose

A Bis 1 m hoher Strauch mit dünnen, sparrigen Zweigen.
Ausläufertreibender Strauch.
Die weißen bis hellrosafarbenen Blüten sind im Mai–Juni beliebte Bienenweide.

B Bevorzugte Standorte der Dünenrose sind die Dünen der Nordseeküste, ferner Wassermangelböden (z. B. Rendzinen), sie sie an heißen Südhängen in Trockengebieten vorkommen. Die sonstigen Ansprüche sind ähnlich wie bei *Rosa canina.*

C Die Dünenrose ist als Befestiger von Böschungen, Rohböden und Spülsandflächen geeignet. Der Strauch ist unempfindlich gegen Winddruck und Sandschliff.
Vermehrung durch Samen. Die Behandlung der schwarzbraunen Scheinfrüchte erfolgt wie bei *Rosa canina.*

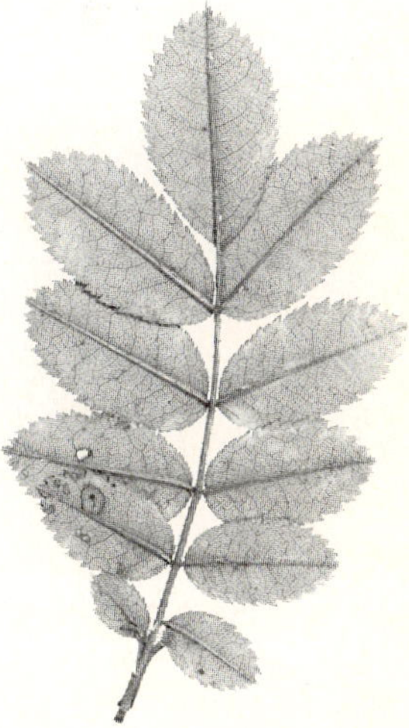

Rubus caesius Linné

Kratzbeere, Ackerbrombeere

A Niedrige, kaum höher als 1 m emporwachsende und weichstachelige Brombeerart. Wie bei allen Brombeeren wachsen auch bei dieser Art die sehr dünnen Triebe in Bögen hoch und senken zum Herbst ihre Zweigspitze zur Erde. Dabei entsteht ein neuer »Ableger«, indem die Zweigspitze in den Boden eindringt und den Rutenbogen durch Bewurzelung befestigt. Im Laufe weniger Jahre entsteht durch natürliches Absenken aus einer Pflanze ein fast undurchdringliches Rankengestrüpp.

B Damit ist diese Brombeerart ideal zur Sperrung (z. B. von Böschungsflächen an Straßenbrücken) hervorragend geeignet. Es ist sozusagen als lebender grüner Stolperdraht mit hunderten von Fußschlingen, die reißfest im Boden sitzen. Wer einmal in ein solches Kratzbeerengestrüpp hineingeraten ist, weiß, wie schwer und langwierig es ist, wieder unbeschadet herauszufinden.

C Damit ist diese Art für eine vielfältige spezielle Verwendung gerade auf ingenieur-biologischem Gebiet geeignet. Daneben sind die flächenhaften Gebüsche Sicht-, Schutz- und Nistplätze sowie Schlupfwinkel für Wild- und Vogelarten in Feld und Flur.
Verbreitung durch Vögel; Ausbreitung durch Sprößlinge; Beschaffung von Pflanzgut nur durch Werben von bewurzelten Zweigspitzen in Herbst oder Frühjahr. Ansiedlung durch Spaltpflanzung an Ort und Stelle.

Rubus fruticosus Linné

Brombeere, Feldschwarzbeere, Kratzbeere

A Bis 3 m hoher Strauch mit großem vegetativem Ausbreitungsvermögen durch Absenker.
Der Strauch bildet besonders viele Wurzelschosse.
Die Sammelfrüchte sind wegen ihres Gehaltes an Vitamin A, B und C für die Marmeladen- und alkoholfreie Fruchtsaftherstellung sehr beliebt. Auch enthalten sie bis zu 13 % Öl. Die getrockneten Blätter werden als Droge gegen Durchfall und äußerlich bei Flechten und Hautausschlägen angewandt.
Die Sträucher bieten sehr gute Nistgelegenheiten für die Vogelwelt. Die Früchte sind Vogelfutter. Die Blüten ergeben als Nektar- und Pollenlieferanten eine gute Bienenweide. Auch als Wildäsung (Blätter im Winter) ist der Strauch von Bedeutung.

B Die Brombeere ist ein Strauch der Ebene und des Berglandes (Alpen bis 800 m).
In ihren Ansprüchen ist sie variabel. Auch sind die einzelnen Sorten unterschiedlich geeignet. So gedeiht die Brombeere einerseits auf sonnigen Plätzen saurer Sand- und Sandsteinböden, also auf recht unfruchtbaren und felsigen Standorten. Doch auch saure und feuchte sowie kühle Böden kommen in Betracht. Andere Sorten lieben kalkhaltige, kräftige und nicht zu feuchte Lehmböden.
Die Brombeere ist eine fakultative Schattenpflanze, die an Waldrändern, in Waldblößen und an Rainen meist gesellig auftritt.

C Als Sand- und Böschungsbefestiger ist die Brombeere ein wichtiges Pioniergehölz für Rohböden, auf denen sie — besonders an sonnigen Standorten — durch Senkerbildung stark wuchert. Sandige Böschungen können mit der Brombeere als Rasenersatz sicher begrünt werden. Auch zur Sicherung von Pflaster und Steinschüttungen ist sie sehr gut geeignet. In Industriegebieten ist sie unempfindlich, so daß sie bei der Begrünung von Halden und Trümmerflächen bevorzugt verwendet wird.
Die Brombeere ist durch ihren reichlichen Laubfall und die intensive Durchwurzelung ein sehr guter Bodenverbesserer. Auch bildet sie undurchdringliche Gebüsche. Eichensaat gedeiht im Schutz von Brombeeren besonders gut.
Die örtliche Auslese standortgebundener Bestände ist stets anzuraten; geworbenes Material wird vor der Verwendung am besten aufgeschult.
Aussaat im September–Oktober oder nach Stratifikation im März. Das Saatgut keimt schnell, Vermehrung aber meist durch Wurzelschnittlinge im November–Dezember, Absenker im Juli–August oder Knospenstecklinge von Juli bis September.

Rubus fruticosus

Rubus idaeus Linné

Himbeere

A Bis 2 m hoher Halbstrauch, d. h. kein eigentliches Holzgewächs. Nach der Fruchtreife sterben die Triebe ab.
Starke Vermehrung durch Wurzelbrut (kriechende Rhizome).
Die Früchte sind wegen ihres Gehaltes an Vitamin A, B und C für die Marmeladenherstellung wichtig. Der Gehalt an Öl beträgt etwa 15–25 %.
Blätter und Früchte sind Drogen gegen Durchfall und wirken bei Fieber schweißtreibend.
Die Sträucher stellen gute Nistgelegenheiten für die Vogelwelt dar, und ihre Beeren sind beliebte Vogelnahrung. Als Kahlschlagpflanze ist die Himbeere in der Haupttrachtzeit eine wertvolle Bienenweide (Pollen- und Nektarspender).

B Die Himbeere ist ein Strauch der Ebene und des Berglandes; in den Alpen kommt sie bis 1800 m vor. Wälder, Waldlichtungen, Kahlschläge, Gebüsche und Hecken sind ihre hauptsächlichsten Standorte.
Sie bevorzugt nährstoffreiche, humose und auch feuchtere Böden. Die Himbeere ist ein ausgesprochen nitrophiles Gehölz, dessen Gedeihen sogar von Nitrifikationsvorgängen im Boden abhängig ist (Kahlschläge!).
Als fakultative Schattenpflanze verträgt und liebt sie etwas Schatten.
Phänologie: Die Himbeerblüte zeigt das Ende des Vollfrühlings an.

C Die Himbeere als typische Kahlschlagpflanze sollte gerade auf solchen Flächen geduldet und begünstigt werden, weil sie in der Lage ist, den hohen Stickstoffgehalt nach Kahlschlägen zu nutzen und den Boden zu begrünen.
Aussaat wie Brombeere. Übliche Vermehrung jedoch durch Wurzelschnittlinge.

Rubus idaeus

Salix alba Linné

Silberweide, Weiße Weide, Weißweide, Baumweide

A Baumweide von stattlichem Wuchs, 15–20 m hoch, mit graugrünen Zweigen und schmal-lanzettlichen Blättern.
Dichtes, feines Wurzelwerk.
Das Holz ist schwammig, grob und sehr brüchig. Es läßt sich schlecht bearbeiten, ist aber z. B. als Prothesenholz geeignet. Die dünnen und biegsamen Zweige sind zum Bau von Faschinen und Flechtwerk brauchbar.
Rinde und Blätter sind wegen ihres Salyzingehaltes als Droge in Gebrauch. Sie wirken gegen Rheuma, Fieber, Grippe und Darmkatarrh und werden zur Bekämpfung von Blutungen und Geschwüren angewandt.
Als Kopfweide ist der Baum ein bekanntes Vogelschutzgehölz.

B Die Silberweide ist ein Baum des ufernahen Bereiches in den jungen Anschwemmungsgebieten der Bach-, Fluß- und Stromtäler (Rohauböden). Der Baum ist nicht bestandbildend.
Tiefgründige Böden feuchter Wiesen und an Ufern sowie leichtere Lehmböden sind geeignete Standorte. Die Silberweide verträgt viel Nässe bzw. längere Überschwemmungen, jedoch keine Staunässe und verdichtete Böden.

C Als Pioniergehölz kommt die Silberweide an Fluß- und Seeufern und auch an Dorfweihern in Betracht; sie ist als häufigste Kopfweide bekannt. Auch für Windschutzpflanzungen ist sie geeignet. Sie ist strahlungsfest.
Wie alle Weidenarten ist sie widerstandsfähig bzw. nur wenig empfindlich in rauchgefährdeten Gebieten. Alle Weiden sind blitzgefährdet.
Als Pflanzmaterial sind Setzstangen möglich.
Die Silberweide wird durch Stecklinge vermehrt.

Salix alba vitellina Lineé

(*syn. Salix alba vitellina* Stokes)

Dotterweide

Sehr gute Binde- und Flechtweide, die an den Boden anspruchslos ist und als Böschungsbefestiger verwendet werden kann. Auch soll sie Brackwasser vertragen.
Besonders verbreitet im Rhein- und Moselgebiet. Außerordentliche stattliche durch ihre im Winter dottergelben jährigen Zweige besonders attraktiv. Höhe bis 20 m. Die bruchsicheren jungen Ruten werden in Weinbaugebieten zum Binden der Reben benutzt. Weitere Verwendung besonders als Material für Faschinenbauwerke und für Flechtzäune im technischen Pflanzenbau. Leichte Vermehrung durch Stecklinge, auch Steckhölzer, Steckruten und Setzstangen können verwendet werden, da sie besonders gut an der Rinde wurzeln.

Salix x americana Host

Amerikanische Weide, Universalweide

A Etwa 5 m hohe, sehr anfällige Weide mit weißem Holz. Beste Schälweide und wertvollste Korb- und Flechtweide. Vermehrung durch Steckholz.

B In bezug auf Standort und Bodenbeschaffenheit ist die Universalweide sehr anspruchsvoll. Bevorzugt sind humusreiche Böden, ferner fruchtbare Lehm-, Mergel- und Schlickböden mit günstigem Grundwasserstand. Auch lehmige Sandböden sind noch geeignet. Moorböden sind ungünstig, auf ihnen werden die Weiden leicht brüchig.
Die Universalweide ist empfindlich gegen Spätfröste, deshalb sind die klimatischen Lagen sorgfältig auszuwählen und hierbei kaltluftgefährdete Standorte ebenso zu meiden wie rauhe Höhenlagen. Zum erfolgreichen Anbau ist sorgfältige Pflege erforderlich.
Als Böschungsbefestiger ist ihr Anbau möglich, jedoch ist sie als Uferschutzweide kaum geeignet.

C Für Uferschutzzwecke an Fließgewässern ist diese Weide nicht geeignet, jedoch sehr gut für die Hangbefestigung auf Kippen und Halden, weil die dem Boden anliegenden Ruten tief einwurzeln und damit den Boden absolut sicher festigen. Nachteilig ist, daß auf derartig gesicherten Flächen eine Anpflanzung anderer Gehölzarten unmöglich wird.

Salix x americana

Salix amygdalina Linné

(syn. Salix triandra Linné)

Mandelweide

A 1–4 m hoher Strauch, der baumartig bis zu 10 m Höhe erreicht. Schmalblättrige Weide. Blätter lanzettlich bis elliptisch, derb wie das Mandelbaumblatt.
Gute Nutzweide: zum Schälen, für Flechtwerk und für die Korbmacherei geeignet.

B Eine Weide der feuchten und nährstoffreichen Bach- und Flußniederungen, Uferauen (Rohauböden) und der feuchten Wiesen. Wuchsbezirke sind z. B. der Ober- und Mittelrhein und die Alpen bis 1800 m Höhe. Sie verträgt sehr viel Nässe, so daß der Boden aulch längere Zeit unter Wasser stehen kann. Die Mandelweide ist ferner die ertragreichste Art auf schwachsauren Flachmoor- und Torfböden, sie versagt jedoch auf Hochmoorböden. Die Mandelweide gedeiht auch auf humosen Sanden, sandigen Lehmen, selbst auf trockenen Sanden und Kiesen. Gute Durchlässigkeit dieser Standorte ist aber wichtig und Nährstoffreichtum erwünscht. Gegen Spätfröste ist die Mandelweide empfindlich.

C Als Ufer- und Böschungsschutz, zur Begrünung von Kiesgruben, Sand- und Kiesbänken und Binnendünen gilt die Mandelweide als Pioniergehölz.
Steckholzvermehrung.

Salix aurita Linné

Ohrweide, Öhrchenweide, Salbeiweide

A Kleiner, 1–1,5 m hoher, sperrig wachsender Strauch mit großer Flächenausdehnung. Dünnes Zweigwerk. Breitblättrige Weide, Blätter eilanzettlich, Nebenblätter ohrförmig.

B Die Ohrweide ist ein Strauch der Sumpfböden, der nassen Wiesen und der feuchten Waldstellen in der Ebene und im Gebirge. Sie gedeiht am besten auf feuchten bis sumpfigen Flach- und insbesondere Hochmoorböden und verträgt Stauwasser längere Zeit. Bevorzugte Standorte sind ferner kalkarme Böden mit toniger oder sandiger Beschaffenheit, wenn sie genügend Feuchtigkeit enthalten.

C Die Ohrweide ist als Ufer- und Böschungsbefestiger und als Unterholz unter zusagenden Standortsverhältnissen verwendbar.
Steckholzvermehrung ist möglich, aber unsicher. Was als Salix aurita geliefert wird, sind meist Bastardformen zwischen Salix aurita und Salix cinerea.

Salix caprea Linné

Salweide, Palmweide

A Bis 9 m hoher Strauch oder kleiner bis mittelgroßer Baum, der in der Jugend raschwüchsig und mit 20–25 Jahren ausgewachsen ist. Breitblättrige Weide. Blätter eiförmig-elliptisch.
Durch Lauf- und Senkwurzeln gehen Salweiden sehr stark in die Breite.
Das Holz ist zäh, biegsam und leicht und findet in der Drechslerei vielfältig Verwendung. Die Holzkohle ergibt eine gute Zeichenkohle. Das Holz hat von allen Weiden den größten Brennwert. Die Rinde kann zum Gerben und Färben verwendet werden.
Als Bienenweide und erste ergiebige Pollennahrung im März–April wichtigste Pollenpflanze. Die Bienen sollen darauf so versessen sein, daß sie selbst unreife Kätzchen aufbeißen. Die weiblichen Kätzchen liefern ebenfalls im März den ersten Nektar.

B Die Salweide ist ein Gehölz der Ebenen, der Mittelgebirge und des subalpinen Bereiches an Waldrändern und in Lichtungen. Sie ist die häufigste und genügsamste Waldweide. An den Standort stellt sie nur bescheidene Ansprüche, so daß sie sowohl auf trockenen als auch auf vernäßten Böden noch vorkommt. Sie durchwurzelt und erschließt auch tonige Böden. Das beste Wachstum wird aber auf frischen bis feuchten Böden der Flachmoorniederungen erreicht.
Die Salweide ist ein lichtbedürftiges Gehölz, doch gilt sie auch als schattenverträglich. Gegen Spät- und Frühfröste ist sie empfindlich.
Phänologie: Mit der Blüte der Salweide geht der Vorfrühling zu Ende (Aussaat von Hafer und Sommergerste).

C Die Salweide ist ein bodenverbesserndes Pioniergehölz für humusarme Rohböden, rutschgefährdete Hänge und Böschungen sowie Schlakkenhalden, Schwermetallböden und Trümmerschutt. Sie ist unempfindlich gegen Graswuchs. Um die lästige verdämmende Wirkung der Sträucher — insbesondere an Gewässern — zu verhindern, müssen sie öfter zurückgeschnitten werden.
Salix caprea mas (Veredlungen) ist die schönste aller männlichen Kätzchenweiden.
Die vegetative Vermehrung ist schwierig. Formen mit grüner, nicht filziger Rinde (grüne weibliche Kätzchen) lassen sich aber durch Steckholz im Februar–März und durch Setzstangen vermehren. Die Reifezeit des Samens ist Anfang Juni sehr kurz, er fällt schnell aus. Deshalb sind Ernte und Aussaat sofort bei der Reife erforderlich. Keimung binnen 12 Stunden. Keimfähigkeit höchstens 3 Wochen.

Salix caprea

Salix cinerea Linné

Grauweide, Aschweide, Aschgraue Weide

A Sperriger, bis 3 m hoher Strauch, selten baumartig wachsend. Breitblättrige Weide mit elliptischen oder verkehrt eiförmigen Blättern, oberseits aschgrau, unterseits samtartig.
Als Kopfweide, nur bei Bastardformen, mit Salix caprea bietet sie gute Brutplätze für die Vogelwelt.

B Die Grauweide ist ein winterharter Strauch der sumpfigen Standorte im Niederungsmoor des Flachlandes und in den großen Flußauen (z. B. des Oberrheins). Sie gedeiht auf feuchten und nassen Böden, an Ufern, im Uferbereich, auf Wiesen und an Waldrändern.

C Die Grauweide kann für die Befestigung feuchter und armer Rohböden verwendet werden.
Als Flechtweide ist sie nicht geeignet.
Steckholz im Februar–März, aber nur bei Bastardformen mit Salix viminalis.

Salix x cuspidata Schultz

Lederweide, Glasweide

A Bastard zwischen *Salix fragilis* und *Salix pentandra.* 10–15 m hochwachsende, breitkronige und starkästige Baumweide. Ihre einjährigen Zweigabschnitte brechen an der Ansatzstelle zum zwei- oder mehrjährigen Holz bei Berührung sehr leicht ab, was wohl zu der Bezeichnung Glasweide geführt haben mag. Der Name Lederweide dagegen ist wohl auf ihre lederartig derben Blätter zurückzuführen und auf die Bedeutung dieser Weide als Lieferant von »Bandstöcken« (Derbholzstangen) für Korbflechter- und Faßbinderwerkstätten.

B Heimisch ist diese in Nord- und Westeuropa. Durch den ehemals blühenden Kulturweidenanbau ist sie überall in Europa anzutreffen. Heute allerdings, nach dem Rückgang des Weidenanbaus, ist sie nur noch selten in den Weidengebüschen und in Auenwaldresten der Bäche, Flüsse und Ströme zu finden.

C Verbreitung durch Samen, Vermehrung durch Steckholz- und Setzstangen. Sie ist besonders geeignet für schwere, staunasse und darum luftarme Lehm- und Tonböden, die sie erfolgreich mit ihrem starken Wurzelwachstum aufzuschließen in der Lage ist. Sie ist deshalb von großer ingenieur-biologischer Bedeutung für die Rekultivierung steriler, schwerer Böden. Ihr Holzzuwachs ist bemerkenswert, gemessen an anderen Baumweiden. Auch als Kopfweide ist sie sehr geeignet (Vogelschutz).

Salix daphnoides Villars

(*Salix praeco* Hoppe)

Reifweide, Schimmelweide, Palmweide, Kätzchenweide

A Raschwüchsiger, bis 4 m hoher Strauch oder kleiner, bis 10 m hoher Baum. Schmalblättrige Weide mit verkehrt-lanzettlichen Blättern. Schönste Kätzchenweide, die von allen Weidenarten am frühesten blüht – u. U. bereits ab November.
Als Flechtweide ist sie nicht besonders geeignet, jedoch für Faschinen sowie anderes Grobmaterial sowie für Faßreifen zu verwenden.
Im März–April ist sie eine wichtige Bienennährpflanze, insbesondere als Pollenspender.

B Das natürliche Vorkommen der Reifweide, die hohe Ansprüche an die Luftfeuchtigkeit stellt, erstreckt sich auf die Kiesbetten an den Bergflüssen und Gebirgsbächen und begleitet diese bis in die Ebene. Auch an den norddeutschen Küsten ist diese Weide anzutreffen.
Die Reifweide ist anspruchslos an die Bodenart. Sie wächst sehr gut auf leichten und lockeren Sandböden oder sandig-lehmigen Böden, verlangt aber erreichbares Grundwasser. Sie verträgt keine Überschwemmungen.

C Die Reifweide eignet sich sehr gut für die Befestigung von Dünen (Ostsee) und Spülsandflächen, da sie Sandfänger ist, und für die Ufer von Gewässern. Ferner sollte sie für die Bepflanzung von Straßen- und Eisenbahnböschungen verwendet werden.
Wie fast alle Weiden leicht durch Steckholz im Februar–März und auch durch Setzlinge zu vermehren.

Salix daphnoides Villars, **var. acutifolia** Doell

(syn. *Salix acutifolia* Wildenow)

Kaspische Weide

A 3–6 m hoher Großstrauch oder Baum mit schwachem Ausschlagsvermögen. Die Wurzeln streichen u. U. bis 20 m weit, und das gesamte Wurzelwerk ist sehr intensiv ausgebildet. Das Holz dient zum Bau von Faschinen. Es ist als Korbweide und zum jährlichen Schnitt nicht verwendbar.

B Die Kaspische Weide ist anspruchslos und wächst auch auf sterilen und armen, trockenen Sanden (Böschungen, Dünen). Sie verträgt Salzwasser bzw. salzhaltige Standorte und feuchte Böden, bevorzugt aber frische und lockere Böden. Wie alle Weiden ist auch diese Art ausgesprochen windverträglich. sie dient als Hang- und Böschungsbefestiger sowie zur Bindung von vegetationslosen Binnendünen, desgleichen als Schutzgürtel an Ufern und vor dem Auenwald in Gesellschaft z. B. mit Erle, Esche und Pappel.

C Bei uns nicht heimisch, jedoch aus Anpflanzungen in den Dünengebieten der Ost- und Nordsee stellenweise anzutreffen, z. B. auf Wangerooge. Früher im Dünenbau ganz allgemein häufig verwendet.

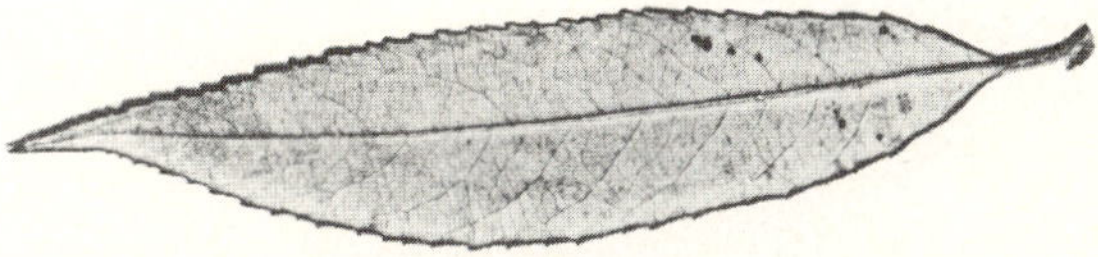

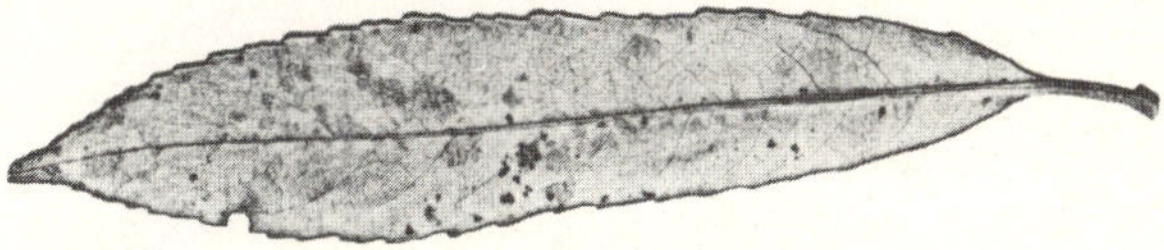

Salix x dasyclados Wimmer

(syn. *Salix x longifolia* Muelberg)

Bandstockweide, Langblättrige Weide, Filzästige Weide

A Bis 4 m hoher Strauch. Oft gepflanzte Korbweide, die grobes Material für die Korbflechterei und für Faßreifen (Bandstockweide) liefert.

B Das Vorkommen erstreckt sich auf Aueböden und Flußufer, auch auf sumpfige Wiesen, insbesondere im nordostdeutschen Gebiet.

C Bei erreichbarem Grundwasser sollte der Strauch zur Befestigung von offenen Böden, Spülsandflächen und auch Dünen verwendet werden.

Salix fragilis Linné

Bruchweide, Knackweide

A 5–12 m hoher, breitkroniger Baum, oft als Kopfweide. Schmalblättrige Weide. Blätter länglich lanzettlich und lang zugespitzt. Die gelbbraunen Zweige brechen leicht.
Intensives Wurzelwerk.
Die Knackweide ist als Bindeweide nicht verwendbar, da das Holz sehr brüchig ist und selbst einjährige Triebe leicht brechen.
Als Kopfweide bildet das Gehölz gute Brutplätze für die Vogelwelt.

B Die Bruchweide ist ein Gehölz der Auen, Wiesen, Flußufer und der Ufer schnellfließender Bäche. Sie verträgt längere Überschwemmungen. Die zusagenden Böden sind feuchte bis nasse Rohauböden, staunasse Lehm- oder Tonböden. Gegen saure Bodenreaktion ist die Bruchweide wenig empfindlich.

C Die Bruchweide findet an Flußufern und Binnengewässern — z. B. zusammen mit der Mandelweide — Verwendung, jedoch muß das Wasser kalkfrei und weich sein. Das Gehölz ist sehr widerstandsfähig gegen Verstümmelungen.
Steckholzvermehrung.

Salix fragilis

Salix incana Schrank

(syn. *Salix riparia* Willdenow — *Salix elaeagnos* Scopoli)

Lavendelweide, Uferweide, Graue Weide

A Bis 6 m hoher Strauch oder bis 10 m hoher Baum mit besenförmiger Krone. Schmalblättrige Weide mit linearlanzettlichen Blättern, die unterseits graufilzig sind.

B Die Graue Weide ist ein Gehölz der süddeutschen Gesteins- und Geröllböden an Bach- und Flußufern im Moränengebiet, der Rohauböden über Kalkgestein oder basenreichem Grundgestein, der Sand- und Kalkböden an Tümpeln und Teichen.
Sie begnügt sich mit Verwitterungsgestein.

C Die Graue Weide kann z. B. für die Befestigung von Böschungen auf Gesteins-, Schutt- und Geröllböden verwendet werden. In der praktischen Anwendung hat sich das Stecken von Grauweidensteckholz zusammen mit Purpurweide oder Tamariske in Trockenpflasterböschungen bewährt.
Steckholzvermehrung.

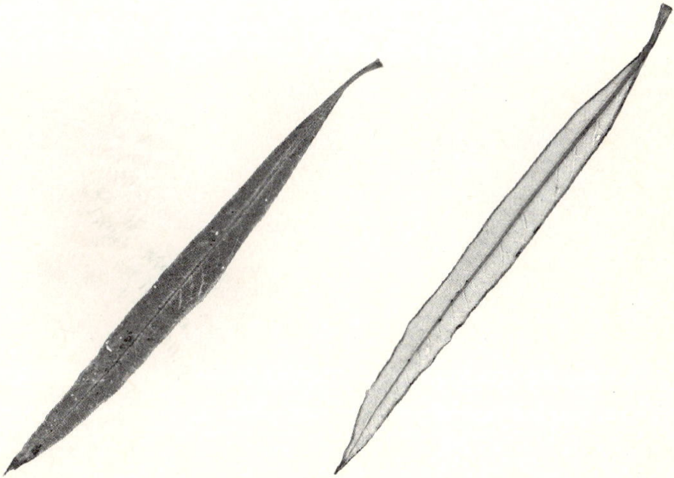

Salix nigricans Smith

(syn. *Salix myrsinifolia* Salisbury — *Salix stylaris* Seringe)

Schwarzweide, Schwarzwerdende Weide, Negerweide

A Bis 2 m hoher Strauch; selten baumartig. Breitblättrige Weide mit fast kreisrunden bis eiförmigen Blättern. Beim Trocknen oder Welken färben sich die Blätter und Kätzchen schwarz.
Der Strauch bildet dünne, zähe Ruten, die als Binde- und Flechtgut verwendet werden können.

B Geeignete Standorte für die Schwarzweide sind Bachränder sumpfiger oder torfiger Böden des Flachmoores mit saurer Bodenreaktion, ferner quellige Standorte von Rohauböden über Kalkgestein oder basenreichem Grundgestein. Die Schwarzweide verträgt leichten Schatten.

C Auf den erwähnten Standorten sollte die Schwarzweide zur Befestigung von Hängen und Bachufern mehr Verwendung finden.
Steckholz wird am vorteilhaftesten bereits ab August geschnitten, Bewurzelung dennoch recht schwierig, wie bei allen runzelblättrigen Weidenarten.

Salix pentandra Linné

(syn. *Salix laurifolia* Wesmael)

Lorbeerweide

A Selten bis über 10 m hoher Baum, meist strauchartiger Wuchs. Glanzblättrige Weide mit eiförmig elliptischen, lorbeerblattähnlichen Blättern. Blattoberseite glänzend tiefgrün.
Der Strauch treibt wenig Ruten.
Die Lorbeerweide blüht von allen Weiden am spätesten, nämlich im Mai bis Juni. Als Pollenspender ist sie eine wertvolle Bienenweide.

B Charakteristische Standorte dieser Weide sind feuchte Wiesen oder Sümpfe der Flachmoore mit weichem, kalkfreiem Wasser (Kieselpflanze). In den Alpen kommt die Lorbeerweide auf den genannten Standorten bis 2000 m Höhe vor.

C Keine besonderen Hinweise zur Verwendung und Pflege.
Die Vermehrung durch Steckholz ist möglich.

Salix purpurea Linné

Purpurweide, Steinweide, Bachweide

A Als Strauch 1–3 m hoch, selten baumartig, dann bis 10 m hoch mit besenförmiger Krone. Recht langsamer Wuchs. Schmalblättrige Weide mit lanzettlichen Blättern.
Der Strauch bildet elastische Ruten von äußerster Biegefestigkeit. Deshalb ist die Purpurweide eine sehr gute Bindeweide, die sich sogar knoten läßt und in Weinbaugebieten bevorzugt verwendet wird. Hauptsächlich ist sie für Grünarbeiten geeignet. Zum Schälen kommt sie nicht in Betracht; auch gibt sie ein nur mäßiges Material zum Korbflechten. Die Unterart *Salix purpurea uralensis* (auch *gracilis*) hat besonders dünne Ruten. Die Purpurweide hat sehr hohen Gerbstoffgehalt.
Verwendung als Droge wie bei *Salix alba.*
Bienennährpflanze im März–April, insbesondere als Pollenpflanze.

B Die Purpurweide erreicht die besten Wuchsleistungen auf frischen, humusreichen Sandböden oder lehmigen Sandböden. Sehr gut gedeiht sie als kalkbedürftiger Strauch auf den Trockenschotterböden der süddeutschen Flußauen, auf den Rohböden der Bach- und Flußbereiche, an schnellfließenden Alpenbächen und Alpenflüssen. Die Purpurweide verträgt hierbei längere Überschwemmungen.
Auf kiesigen, steinigen, schottrigen und zugleich trockenen Standorten ist sie anspruchslos, zumal sie als dürreresistent bekannt ist.
Auch auf anmoorigen Böden kommt die Purpurweide noch vor, sie versagt aber auf Moorböden.

C Die Purpurweide ist ein Pioniergehölz und — zusammen mit *Salix cinerea* — insbesondere für den Lebendverbau von Böschungen mit Spreitlagen sehr gut geeignet — auch wegen der dünnen Ruten. Muschelkalkhänge und Steillagen können z. B. in Form von Weidenflechtzäunen erfolgssicher mit ihr begrünt werden.
Durch den hohen Gehalt an bitterem Salizin und an Gerbstoffen ist die Purpurweide weniger verbißgefährdet als die Korbweiden.
Steckholz kann bereits ab August und bis Ende Mai geschnitten werden.
Bei der typischen Art sind die Blätter gegenständig und zur Spitze hin am breitesten.

Salix repens Linné

Kriechweide, Moorweide, Sandweide

A Niedriger, 50–100 cm hoher Strauch mit niederliegenden, oft unterirdisch kriechenden Zweigen. Breitblättrige Weide mit sehr kleinen lanzettlich-elliptischen Blättern.

B Die Bezeichnung »Moorweide« charakterisiert das Vorkommen dieses Gehölzes und seine wesentlichen Standortsansprüche: Saure, feuchte bis nasse, sandige Böden, z. B. in Niederungsmoorwiesen, und torfige Standorte des Hochmoores. Die Moorweide bevorzugt grundwassernahe Standorte, doch ist sie anspruchslos, verträgt viel Trockenheit und gedeiht bei saurer Bodenreaktion auch auf sterilen Sandböschungen, Dünen und in Heiden. Die Moorweide ist ein absolut winterhartes Gehölz.

C Die Moorweide ist sehr gut für die Befestigung von Rohböden, Sandböschungen und Spülsandflächen geeignet, weil sie versandungssicher ist und sich nach Versandungen immer wieder erholt. Sie bildet unter solchen Verhältnissen wie auch auf Küstendünen ausgedehnte Strauchpolster. Steckholzvermehrung möglich, besser durch bewurzelten Ableger.

Salix x rubens Schrank

(syn. *Salix x Russeliana* Sm.)

Weißweide

A Bastard zwischen *Salix alba* und *Salix fragilis.* Baumweide von 15–20 m Höhe. Häufig verwechselt mit *Salix alba,* der echten Silberweide.

B In Westdeutschland zumindestens häufigste Baum- und Kopfweide im Bereich der Bach-, Fluß- und Stromtalauen. Natürliche Verbreitung durch Samen, großes Ausschlagsvermögen. Auch als Strauchweide zu verwenden, z. B. im technischen Pflanzenbau bei Flechtwerken und lebenden Zäunen.

C Gegenüber der Silberweide *(S. alba)* hat die Weißweide wesentlich größere silbrig-behaarte Blätter. Ihre 1–3jährigen Zweige brechen an der Einsatzstelle sehr leicht ab, was bei Vereisung im Winter zur spontanen Verbreitung führen kann. Bei der Silberweide sind diese Tochterzweige nicht abbrüchig. Dieses Merkmal stammt von der Elternart *Salix fragilis,* der sog. Knackweide.
Vermehrung durch Stecklinge. Steckhölzer und Setzstangen. Großes Ausschlagsvermögen.

Salix x smithiana Wildenow

syn. *Salix acuminata* Smith

Küblerweide, Kätzchenweide, Englische Weide

A 3–5 m hoch werdend. Bastard zwischen Salix viminalis und Salix caprea.

B Bezüglich des Standortes ist die Küblerweide weniger anspruchsvoll. Sie gedeiht am besten auf feuchten Böden, die auch stark sandig sein können. Gute Nährstoffzufuhr ist entscheidend für den wirtschaftlichen Ertrag. Beliebte Kätzchenweide für den Markt.

C Die Küblerweide ist als Ufer- und Böschungsschutz zu empfehlen. In streifenartigen Flurgehölzpflanzungen und um Obstanlagen sollte sie nur bei frischen bis feuchten Standorten verwendet werden, um den Wurzeldruck auf benachbarte Kulturen einzuschränken. Auch für den technischen Lebendverbau kommt diese Weide in Frage.
Vermehrung vegetativ, durch Steckholz und Setzstangen. Jährige Ruten grün und nicht filzig behaart.

Salix viminalis Linné

Korbweide, Hanfweide, Elbweide, Bandweide

A 2–6 m hoher Strauch, der baumartig bis 10 m hoch wird. Schmalblättrige Weide mit schmallanzettlich-linealischen Blättern, deren Ränder grob gewellt sind.
Korb-, Hanf- und Bandstockweide. Einjährige Pflanzen ergeben bereits Flechtweiden, dreijährige können für Faßreifen verwendet werden.
Als Kopfweide ergibt dieses Gehölz gute Brutplätze für die Vogelwelt. Wegen ihrer frühen Blüte im März–April ist sie als Bienenweide (Pollenspender) wichtig.

B Die Bandweide ist ein Baum der Niederungen in den Bach-, Fluß- und Strombereichen Deutschlands. Bevorzugte Standorte sind frische bis feuchte, humusreiche, tiefgründige, aufgeschwemmte Sand- und Schlammböden. Gegen Überflutungen ist sie nicht empfindlich, verträgt jedoch keine Staunässe. Alkalische Bodenreaktion ist erforderlich, Moorböden sind ungeeignet. Die Bandweide gedeiht noch auf armen Sandböden, wenn genügend Feuchtigkeit erreichbar ist. Der Strauch ist lichtbedürftig und empfindlich gegen Spätfröste.

C Die Bandweide kommt im besonderen für die Bepflanzung von Gewässerändern in Niederungen in Betracht. Sehr wertvoll ist sie bei der Ufersicherung durch technischen Lebendverbau.
Auch diese Weide wird durch Steckholz vermehrt.

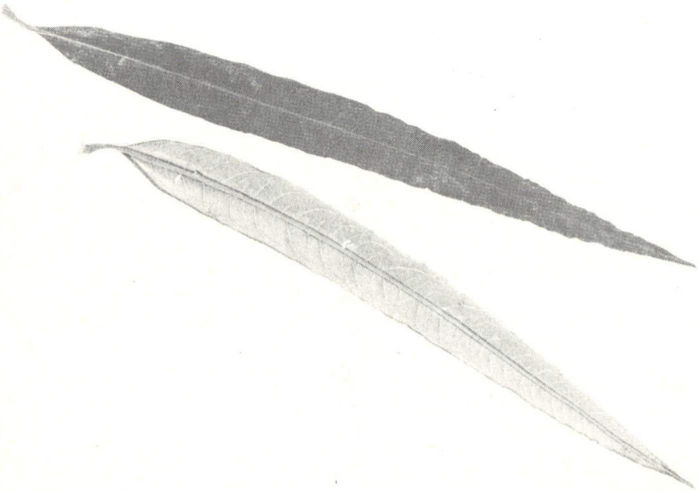

Sambucus nigra Linné

Holunder, Holler, Holder, Schwarzer Holunder, Fliederbeere

A Schnellwüchsiger, bis 4 m hoher Strauch, der sehr ausschlagsfähig ist.
Flachwurzler. Blätter gegenständig.
Das Holz ist mäßig hart und von geringer Haltbarkeit. Es wirft sich leicht. Das Wurzelholz liefert Maserholz zu Pfeifenköpfen. Das Mark junger Zweige wird beim Mikroskopieren zum Festhalten der Objekte benutzt.
Die Früchte enthalten die Vitamine A, B und C, außerdem 25 % Öl. Sie können zur Marmeladenherstellung sowie zum Färben von Speisen und Weinen verwendet werden. Getrocknete Blüten, Blätter, Rinde und Wurzeln, frische und getrocknete Beeren dienen als Droge gegen Gicht, Rheuma, Wassersucht und Verstopfung. Sie wirken blutreinigend, harn- und schweißtreibend.
Die Sträucher bieten gute Nistgelegenheiten für die Vögel, besonders im Wuchsbezirk an der Küste. Die Beeren sind Vogelfutter. Die Blüten dienen im Juni–Juli als Bienenweide.

B Der Holunder ist ein Strauch der Ebene und des Hügellandes. In den Alpen ist er bis 1200 m anzutreffen. Sein Wuchsbezirk erstreckt sich auf feuchte Auenwaldungen, in denen er als Unterholz Überschwemmungen verträgt, ferner auf lichte Waldungen und Waldränder. Der Holunder ist eine fakultative Schattenpflanze. Charakteristisch kommt er als Ruderalpflanze und stickstoffliebendes Gehölz oft in der Nähe menschlicher Ansiedlungen in Gebüschen, Hecken u. ä. vor.
Sein günstigstes Wachstum erreicht der Holunder auf frischen, bindigen und humusreichen Böden mit alkalischer Reaktion, ferner auf Rohauböden über Kalkgestein oder basenreichem Grundgestein oder an schnellfließenden Bächen. Der Strauch ist jedoch nicht wählerisch und deshalb anpassungsfähig sowohl an schwerere Böden als auch an sandige und trockene Standorte (z. B. Küstendünen), sofern die Böden wenigstens neutrale, besser aber alkalische Reaktion haben.
Phänologie: Die Holunderblüte zeigt den Beginn des Frühsommers an (Winterroggenblüte und Blühbeginn der Gräser). Die Reife der Beeren liegt am Beginn des Frühherbstes (Birnen- und Pflaumenreife).

C Der Holunder ist zur Begrünung von Schutt- und Schlackenhalden (bei Kalkanwesenheit) hervorragend geeignet, wobei die starke generative Verbreitung durch Vögel wesentlich mithilft. Gegen chronische Einwirkung von Rauchsäuren und Gasen ist er nur wenig empfindlich.
Auch als Waldmantelgehölz ist der Holunder sehr gut zu verwenden. Bei der Anpflanzung als Schutzgehölz an Viehweiden ist zu bedenken, daß das Vieh mit Vorliebe Blattwerk und Triebe frißt. Die Verwendung des Holunders im Abflußbereich Hochwasser führender Flüsse ist nicht erwünscht, da die Sträucher einen Fang für Schwemmsel bilden. Insbesondere an der

Ostseeküste zeichnet sich der Holunder durch eine sehr große Kampfkraft gegen Starkwinde aus.
Die Beeren reifen im August–September. Die Ernte der glänzend schwarzen Früchte erfolgt nach der Reife. Sie werden zerquetscht und in Bottichen zum Gären gebracht, dann ausgewaschen. Aussaat im Herbst oder besser im Frühjahr nach feuchter Stratifikation. Die Saat keimt schnell. Keimfähigkeit: 1 Jahr. Auch Steckholzvermehrung ist möglich.

Sambucus racemosa Linné

Traubenholunder, Roter Holunder, Hirschholunder, Hirschholder

A Bis 4 m hoher Strauch.
Das Gehölz besitzt ein weitstreichendes Wurzelwerk.
Die scharlachroten Früchte können Marmeladen- und Saftherstellung benutzt werden. Die Samen enthalten viel verwendbares Öl. Reife, getrocknete Früchte gelten gebietsweise als Volksheilmittel. Blattspindel, besonders in Stielnähe, oberseits rissig, Blätter gegenständig.
Die Sträucher bieten gute Nistgelegenheiten für die Vögel. Die Beeren werden von den Vögeln gern verzehrt und dienen auch als Wildäsung.

B Der Traubenholunder ist ein Strauch des Hügel- und Berglandes, sowie der rauhen Lagen im subalpinen Gebiet bis etwa 1400 m. Selten kommt er in Ebenen vor.
Der Strauch liebt etwas Schatten, wie z. B. in Lichtungen von Fichtenwäldern, gedeiht aber auch in sonnigen Lagen. Beste Standorte sind lockere Böden mit feuchten Humusablagerungen an kalkarmen, lehmigen bis sandig-lehmigen Hängen (Buntsandstein- und Urgesteinsböden). Auch werden humose, steinige Böden bevorzugt. Im allgemeinen ist der Traubenholunder anspruchsloser als der Schwarze Holunder und gedeiht auch noch auf trockeneren Sandböden. Im Gegensatz zu diesem meidet er aber kalkhaltige Böden.

C Der Traubenholunder als schnellwüchsiger Strauch dient z. B. als Pioniergehölz zur Festlegung von Rohböden und von Schlackenhalden.
Vermehrung wie *Sambucus nigra*.

Sambucus racemosa

Sorbus aria Crantz

(*Sorbus aria* Ehrhart)

Mehlbeere, Mehlbeerbaum, Mehlbirne, Silberbaum

A Kleiner, 6–12 m hoher Baum oder — besonders in Hochlagen — Großstrauch. Sehr langsamer Wuchs, aber großes Ausschlagsvermögen. Tiefgehende Bewurzelung.
Sehr wertvolles, schweres, hartes und festes Holz.
Die Früchte sind in rohem Zustand erst nach Frosteinwirkung genießbar. Sie dienen zur Marmeladen- und Branntweinherstellung und zur Essigbereitung, ferner können sie als Droge benutzt werden.
Die Früchte sind Vogelnahrung und die Blüten eine gute Bienenweide.

B Die Mehlbeere ist ein absolut winterhartes Gehölz des Berglandes und der Gebirgslagen. Sie ist besonders windhart und kommt in den Alpen bis 1500 m vor. Ihr natürlicher Wuchsbezirk sind sonnige bis heiße, basenreiche Wassermangelstandorte, z. B. Rendzinen in Trockengebieten, steinige Kalkhänge, Urgestein und frische Sandböden.
Für ihr bestes Gedeihen liebt sie kalkhaltige und frische, jedoch niemals zu feuchte Böden.

C Die Mehlbeere verträgt Schnitt und Astung gut. Sie ist strahlungs-, frost- und staubfest. Für flurschützende Gehölzpflanzungen ist sie deshalb von Bedeutung, jedoch kommen nur zusagende Standorte in Betracht, weil alle Sorbusarten den Boden sehr stark aussaugen. Rinde und Triebspitzen leiden unter Wildverbiß durch Reh, Hase und Kaninchen.
Für trockenste Hanglagen in Kalkgebieten ist sie ein wertvolles Pioniergehölz, um Laubwaldstandorte vorzubereiten. Hierbei sollten z. B. auch *Cotoneaster tomentosa* und *C. integerrima* verwendet werden.
In rauchgefährdeten Gebieten ist die Mehlbeere empfindlich.
Die Früchte werden nach der Reifee geerntet. Die Aussaat erfolgt im Herbst oder nach feuchter Stratifikation im Frühjahr.

Sorbus aria

Sorbus aucuparia Linné

Eberesche, Vogelbeere, Quitschbeere

A Mittelgroßer, 10–12 m hoher Baum, der auch strauchartigen Wuchs haben kann. In der Jugend wächst er schnell, läßt dann aber erheblich nach. Starker Stockausschlag.
Herzwurzler. Das Wurzelwerk geht tief und streicht weit. Im übrigen aber ist es sehr anpassungsfähig. Der Baum bildet Wurzelbrut.
Das Holz ist sehr zäh, hart und leicht aber wenig elastisch. Mit 15 bis 20 Jahren liefert die Eberesche bereits wertvolles Drechsler- und Wagnerholz.
Die Zweige und Blätter sind gerbstoffhaltig.
Die Früchte haben einen hohen Bitterstoffgehalt, sind Vitamin-C-haltig und besitzen Ölbestandteile. Sie können zur Herstellung von Branntwein und Essig, Apfelsäure und Sorbinsäure verwendet werden, auch dienen sie als Droge und sind hier Mittel gegen Magenverstimmung und Durchfall.
Das Gehölz bietet gute Nistgelegenheiten. Auch ist es als Wildfutterpflanze, vor allem aber als Vogelnahrung (erst nach Frosteinwirkung) von Bedeutung. Getrocknete Früchte sind als Futter für Vögel, Hühner und Paarhufer wertvoll. Die weißen Blüten sind als Bienenweide bekannt.

B Die Eberesche ist ein klimaharter Baum sowohl der Tieflagen als auch der rauhen Gebirgs- und Kammlagen. In den höchsten Bereichen an der Grenze des Baumwuchses (bis 2400 m) stellt sie das einzige Laubgehölz dar. Ihr Vorkommen erstreckt sich also auf ganz Deutschland.
Die Eberesche ist absolut winterhart und auch unempfindlich gegen Spätfröste. Größeren Temperaturschwankungen widersteht sie ohne Schäden. Feuchte Gebirgsstandorte sagen ihr am besten zu. In wärmeren Gebieten bevorzugt sie die feuchteren Schattenseiten. Die Ansprüche an das Licht sind groß und nehmen mit dem Alter noch zu.
Das günstigste Wachstum erreicht die Eberesche auf frischen, lockeren Böden, die einen gewissen Humusgehalt besitzen. Der Baum ist aber anspruchslos und kommt noch auf ärmsten und trockenen Standorten (z. B. auf Küstendünen, sauren Sand- und Sandsteinböden) vor, ferner auf nassen Torfböden, wobei er unempfindlich sowohl gegen Staunässe und zeitweilige Überschwemmungen als auch gegen vorübergehende Trockenheit ist.
Phänologie: Die Blüte zeigt das Ende des Vollfrühlings an (Frühkartoffelaufgang).

C Die Eberesche ist ein charakteristisches Vorwaldgehölz für humussaure Böden auf Kahlschlägen und Ödland, Schutthalden und Trümmerflächen. Sie wirkt mit Birke, Aspe, Roterle und Besenginster bodenverbessernd, ihr Laub trägt zur ersten Humusbildung bei. Das Aufforsten von Nadelwäldern (Kiefer und Fichte) wird deshalb durch die Anwesenheit der Eberesche begünstigt. Da sie das Unkraut verdrängt, bereitet sie den Boden für wertvollere Holzarten vor.

Die Eberesche ist das Schutzgehölz der rauhen Lagen. Sie ist widerstandsfähig gegen Schneedruck und dient als Lawinenschutz. Bei streifenartigen Pflanzungen und trockenen Standorten muß bedacht werden, daß sie den Boden stark aussaugt. Als Waldmantelgehölz ist sie aber stets unentbehrlich. Rinde und Triebspitzen sind durch Wildverbiß gefährdet. Die Rauchhärte ist befriedigend. Der Baum ist nur wenig empfindlich gegen chronische Gaseinwirkung.
Ernte der Früchte nach der Reife. Die Früchte müssen zerquetscht, ausgewaschen und dann die Samen ausgelesen werden. Aussaat im Herbst oder nach feuchter Stratifikation im Frühjahr. Keimung nach 2–4 Monaten.

Sorbus aucuparia edulis Dieck

(*Sorbus aucuparia moravica* Zengerling —
Sorbus aucuparia dulcis Kraetzl)

Mährische Eberesche, Edeleberesche, Süße Eberesche

A Mittelgroßer, in der Jugend raschwüchsiger Baum.
Herzwurzler.
Die Früchte haben einen hohen Gehalt an Vitamin C und organischen Säuren (Ascorbinsäure). Die süß-sauren Früchte sind einwandfrei genießbar und deshalb zur Marmeladen- und Geleeherstellung sowie zur Saft- und Weinbereitung sehr zu empfehlen.
Die Früchte dienen als Vogelnahrung. Die Blüten sind eine gute Bienenweide. Fiederblättchen im unteren Drittel ungezähnt.

B Ebenso wie *Sorbus aucuparia* ist die Edeleberesche — die »Zitrone des Nordens« — ein Gehölz der rauheren Gebirgslagen mit durchschnittlichen Jahrestemperaturen von +4,5 °C bis 7,0 °C und 800 bis 900 mm Niederschlag. Das Gehölz ist frosthart, die Blüte aber spätfrostgefährdet. Der Baum bevorzugt durchlässige, feuchte Standorte, z. B. schottrige Ränder raschfließender Gewässer, ferner anmoorige Böden. Er stellt allgemein recht geringe Ansprüche, kümmert aber auf ganz leichten, trockenen und humusarmen Böden und versagt auf schweren, nassen Kalkböden. In diesem Zusammenhang sei erwähnt, daß trockene Standorte den Vitamin-C-Gehalt der Früchte erheblich mindern.

C Als Straßenbaum und an Feldwegen in obstbaumarmen, rauhen Lagen der Mittelgebirge ist die Verwendung der Edeleberesche sehr zu empfehlen. In streifenartigen Pflanzungen verwende man sie am besten gruppenweise. Rinde und Triebspitzen sind durch Wildverbiß gefährdet.
Veredlung auf *Sorbus aucuparia.*

Sorbus aucuparia edulis

Sorbus domestica Linné

(*Cormus domestica* Spach — *Pirus domestica* Smith)

Speierling, Schmerbirne, Spierapfel, Zahme Eberesche, Sperberbaum

A Mittelgroßer, bis 20 m hoher Baum, der größer als *Sorbus aucuparia* wird, aber trägwüchsig ist.
Pfahlwurzel.
Das Holz ist sehr schwer, sehr fest und zäh. Es ist wertvoller als *sorbus aucuparia.*
Die Früchte enthalten 74 % Gerbstoff, der zur Klärung von pektinreichen Pressäften und als Zusatz zum Verbessern und Haltbarmachen von Apfel- und Birnenmost verwendet werden kann.
Die Blüten sind als Nektar- und Pollenspender Bienenweide. Die Früchte dienen als Wildfutter.
Blattspindel und Fiederblättchen leicht filzig behaart.

B Der Speierling ist anspruchsvoller als *Sorbus aucuparia,* denn er ist ein Baum der wärmeren und tieferen Lagen der Niederungen und des Hügellandes in Süd- und Südwestdeutschland. Der Speierling bevorzugt frische, mineralkräftige, lehmig-mergelige, kalkhaltige, z. T. auch sandhaltige Böden. Er kommt aber auch auf basenreichen Wassermangelstandorten (z. B. Rendzinen) und in Trockengebieten an heißen Südhängen vor.

C In den Obstanbaugebieten Süd- und Südwestdeutschlands, in welchen die Apfelweinproduktion eine Rolle spielt, sollte der Speierling mehr angebaut werden.
Veredlung auf Birnenwildling oder Aussaat wie *Sorbus aucuparia* nach zweimonatiger Stratifikation.

Sorbus domestica

Sorbus intermedia Persoon

syn. *Sorbus intermedia* Ehrhart —
Sorbus scandica Fries — *Sorbus suecica* Linné)

Nordische Eberesche, Schwedische Mehlbeere, Oxelbirne, Nordische Vogelbeere, Oxelbeere

A Kleiner bis mittelgroßer, höchstens 10 m hoher Baum.
Bienenweide.

B Die Nordische Eberesche ist ein sehr windbeständiger und besonders winterharter Baum der rauhen Lagen Norddeutschlands.
Bezüglich des Bodens ist sie sehr anspruchslos. Sie gedeiht noch gut auf trockenen, mageren, sandigen Böden. Kalkstandorte werden aber — wie bei *Sorbus aria* — bevorzugt.

C Hier sei z. B. die sehr gute Eignung zur Haldenbegrünung (Waschberge), insbesondere gemischter Halden erwähnt.
Vermehrung wie *Sorbus aucuparia.*

Sorbus intermedia

Sorbus torminalis Crantz

(*Sorbus torminalis* Ehrhart)

Elsbeerbaum, Atlasholz, Seidenholz, Ruhrbirne

A Mittelgroßer Baum mit Höhen bis 15 m. Das Ausschlagsvermögen ist nicht bedeutend. Auch ist der Wuchs des Gehölzes recht langsam.
Herzwurzler mit Wurzelbrut.
Der Baum hat schweres, hartes und elastisches Holz, das sehr wertvoll für die Möbelindustrie ist, da es sich gut polieren läßt. Hoher Brennwert.
Die Früchte sind genießbar, wenn sie überreif und teigig sind. Sie sind zur Marmeladen-, Essig- und Branntweinherstellung geeignet.
Die Früchte sind Vogelnahrung, die Blüten dienen der Bienenweide.

B Der Elsbeerbaum ist ein Gehölz vorwiegend der Gebirge mit mildem Klima und sonnigen Lagen. Er gedeiht am besten auf basenreichen Wassermangelstandorten (z. B. Rendzinen) und heißen Südhängen in Trockengebieten. Er ist eine charakteristische Kalkpflanze, hat ein großes Lichtbedürfnis und gilt als strahlungsfest.
Gute, nährstoffreiche, frische und tiefgründige Böden werden bevorzugt. Der Elsbeerbaum gedeiht nicht auf nassen Standorten und Sandböden. Die Ansprüche an den Humusgehalt des Bodens sind mäßig.

C Keine besonderen Hinweise.
Vermehrung wie *Sorbus aucuparia.*

Sorbus torminalis

Syringa vulgaris Linné

Flieder, Blauer Flieder, Türkischer Flieder

A Großer, bis 6 m hoher Strauch mit langsamem Wuchs. Sehr ausschlagsfähig.
Dichte, intensive Feinddurchwurzelung des Bodens. Die Wurzeln bilden leicht Wurzelsprosse, wodurch sich größere Flächen von selbst begrünen können.
Das Holz ist sehr hart und schwer. Es kann insbesondere für die Stock- und Schirmherstellung verwendet werden.
Als Bienenweide besitzt der Strauch nur geringen Wert, da die Blütenröhren zu eng und tief sind. Blätter gegenständig.

B Der Flieder ist ein windverträgliches und kalkliebendes Gehölz, das auf mergeligen Lehmböden und auch auf Kalkhängen gut gedeiht. Der Wasserbedarf ist mäßig, sollte jedoch angesichts der sehr intensiven Durchwurzelung des Bodens nicht unterschätzt werden.
Phänologie: Die Blüte zeigt den Beginn des Vollfrühlings an (Futterrübenaufgang).

C Der Flieder ist sehr gut für niedrige Windschutzpflanzungen und zur Böschungsbegrünung (z. B. zusammen mit *Laburnum vulgare*) geeignet. An Waldrändern sollte er in gruppenweiser Anpflanzung nicht fehlen. Im Stadt- und Dorfbereich kann er auch für die Uferbefestigung kleinerer Wasserläufe verwendet werden.
Die Rinde wird durch Reh, Hase und Kaninchen verbissen.
Die Ernte des Samens erfolgt gleich nach der Reife im November bis Dezember. Die Aussaat wird meist im Frühjahr ohne vorherige Stratifikation vorgenommen. Die Keimfähigkeit beträgt 2 Jahre. Auch Steckholzvermehrung ist möglich.

Syringia vulgaris

Tilia cordata Miller

(*Tilia parvifolia* Ehrhart — *Tilia ulmifolia* Scopoli)

Winterlinde, Steinlinde, Kleinblättrige Linde

A 20–25 m hoher Baum, der an Stärke der Sommerlinde nachsteht. Großes Ausschlagsvermögen.
Intensive Durchwurzelung des Oberbodens (gute Ergänzung zur Traubeneiche). Anfangs Pfahlwurzelbildung. Im Alter mächtiges Wurzelwerk mit kräftigen, tief- und flachstreichenden Herz- und Seitenwurzeln.
Das Holz ist weich (bestes Schnitzholz!), jedoch härter als bei der Sommerlinde. Es ist zäh, biegsam, leicht und wenig elastisch. Lieferant für feine, leichte Lindenkohle. Aus der Rinde wird Bast gewonnen. Das Holz leidet stark unter Wurmfraß und hat geringen Brennwert.
Blüten und Lindenkohle werden als Droge verwandt. Lindenblütentee wirkt gegen Erkältung, er ist harn- und schweißtreibend. Lindenkohlenpulver wird gegen Blähungen, Magenentzündungen, Pilzvergiftungen und Migräne angewandt. Es reduziert die Magensäure. Äußerlich bei Geschwüren und Verbrennungen.
Guter Blütenhonigertrag im Juni–Juli, jedoch nur auf geeignetem Standort. Blatthonig bis Ende Juni (nach BUESGEN können auf einer großen Linde etwa 24 kg Blatthonig lagern). Hauptpollenspender im Sommer (ZANDER: Bedeutung als Pollenspender scheint überschätzt).

B Die Winterlinde ist ein Baum des nordischen, kontinentalen Klimas der Ebenen und des Hügellandes. Ihr Wuchsbezirk reicht nicht so hoch wie der der Sommerlinde. Das Hauptverbreitungsgebiet ist Norddeutschland, sie ist jedoch auch im übrigen Deutschland anzutreffen.
Der Baum verträgt trockene und warme Luft. Seine Ansprüche an die Wärme sind geringer als die der Sommerlinde. Ebenso sind die Ansprüche an das Licht mäßiger. Die Winterlinde verträgt jedoch weniger Schatten, als sie selbst spendet. Der Baum ist nicht so spätfrostgefährdet wie die Sommerlinde, da der Blattaustrieb etwa 14 Tage später erfolgt.
Hinsichtlich der Ansprüche an den Boden und dessen Feuchtigkeit zeigt die Winterlinde eine große Variationsbreite. Ihr bestes Wachstum erreicht sie auf frischen, nährstoffreichen, lockeren und tiefgründigen Lehm- oder lehmhaltigen Böden. Auch Löß auf Geschiebelehm ist sehr günstig. Schwach-saure oder neutrale, trockene oder feuchte Böden sagen ihr zu. Ausgeprägt trockene und flachgründige, steinige Böden sind aber ebenso ungünstig wie Standorte mit längerer Staunässe. Auf z. B. sandigem Boden über hohem Grundwasser gedeiht sie noch gut.
Zusammenfassung: Die Winterlinde ist allgemein anspruchsloser als die Sommerlinde.
Phänologie: Laubentfaltung nach der Sommerlinde im Vollfrühling (Aufgang der Futterrüben). Die Blüte zeigt den Beginn des Hochsommers an (Kartoffelblüte, Rapsernte).

C Die Winterlinde ist ein guter Bodenverbesserer. Ihr Laub zersetzt sich schnell und ist wertvoll zur Herstellung gärtnerischer Betriebslauberden. Ihr Wurzelwerk wirkt bodenbefestigend, so daß die Verwendung des Baumes sowohl an schnellfließendem Wasser als auch zur Haldenbegrünung (Leseberge, Grubenberge) sehr wohl in Betracht kommt. Die Winterlinde ist aber empfindlich gegen chronische Einwirkung von Rauchsäuren und Gasen. Im übrigen ist sie ein sturmfester Alleebaum und ein bewährtes Waldmantelgehölz. Die Triebspitzen werden gern durch das Rehwild verbissen.
Die Samen bleiben bis in den Winter am Baum. Samenernte im November nach dem Laubfall durch Pflücken oder späteres Auflesen. Danach mäßig feucht stratifizieren. Aussaat im 2. Frühjahr oder Herbstsaat im 2. Jahr. Keimung frühestens im 2. Frühjahr nach der Reife.

Tilia platyphyllos Scopoli

(*Tilia grandifolia* Ehrhart)

Sommerlinde, Großblättrige Linde

A Über 30 m hoher Baum, dessen Krone und Stamm mächtiger bzw. stärker sind als bei der Winterlinde. Der Baum wächst auch rascher und erreicht ein höheres Alter. Aststellung spitzwinklig zum Stamm. Großes Ausschlagsvermögen, Blattaustrieb früher als bei der Winterlinde. Blüte etwa 10 Tage früher. ›Dorflinde‹.
Wurzelentwicklung ähnlich der Winterlinde.
Holzeigenschaften wie bei der Winterlinde, jedoch allgemein noch geringwertiger.
Verwendung als Droge wie bei *Tilia cordata.*
Guter Blütenhonigertrag im Juni vor der Winterlinde. Jedoch ist dieser beeinträchtigt, wenn der Standort weniger geeignet ist. Blatthonig bis Ende Juni. Wichtiger Pollenspender.

B Die Sommerlinde ist ein Baum der mittleren Gebirgslagen (z. B. Alpen bis 1000 m) und des feuchtwarmen, ozeanischen Klimas. Ihr deutsches Verbreitungsgebiet ähnelt dem des Bergahornes; die Grenze liegt nördlich der Mittelgebirge. In Norddeutschland ist die Sommerlinde nicht zu Hause. Sie ist empfindlich gegen Trockenheit und Hitze und äußert dieses durch vorzeitiges Abwerfen des Laubes und Befall durch die Rote Spinne. Trokken-warmes Klima meidet die Sommerlinde deshalb. Auch stellt sie höhere Ansprüche an das Licht, kann aber noch als Halbschattengehölz bezeichnet werden. Sie ist weniger schattenspendend als die Winterlinde und auch spätfrostempfindlicher, da ihr Blattaustrieb früher erfolgt.
Die Ansprüche an den Standort sind allgemein größer. Die Sommerlinde bevorzugt tiefgründige, nährstoffreiche Böden. Auch felsige Lagen sind geeignet, wenn mäßige Feuchtigkeit und Wärme vorhanden sind. Sie benötigt alkalische Bodenreaktion und ist kalkliebend (z. B. Skelettböden der Kalkformationen); je größer der Kalkgehalt des Bodens, desto geringer der Wasserbedarf.
Phänologie: Blattentfaltung am Beginn des Vollfrühlings (Spätkartoffelbestellung). Die Blüte zeigt das Ende des Frühsommers an (Frühkartoffelblüte, Reife früher Süßkirschen, 1. Wiesenschnitt).

C Die Sommerlinde ist rauchgefährdet (Bahnhofsgelände!) und empfindlich gegen chronische Einwirkung von Rauchsäuren und Gasen. Sie wird dann schnell blattkrank und verliert frühzeitig das Laub.
Für die Anpflanzung kommen z. B. schnellfließende Gewässer in Betracht. Das Laub zersetzt sich schnell, wirkt bodenverbessernd und ergibt gute gärtnerische Betriebserde. Wie die Winterlinde ist der Baum wildverbißgefährdet.
Vermehrung wie bei der Winterlinde.

Tilia platyphyllos

Ulex europaeus Linné

Stechginster, Gaspeldorn, Hecksame

A Bis 1,5 m hoher Strauch mit häufigem Stockausschlag.
Der Stechginster bildet auch starken Wurzelausschlag.
Das Holz des Strauches ist von besonderer Härte, jedoch ohne Verwendungsmöglichkeit.
Wildfuttergehölz.

B Der Stechginster ist ein Strauch des atlantischen Klimabereiches, doch kommt er inselartig und vereinzelt auch weiter östlich vor, wenn die Wuchsbezirke genügend luftfeucht sind. In Deutschland gedeiht er im Norden und Westen auf Sandböden und an sonnigen Standorten von Hügeln, trockenen Heiden und in Kiefernwäldern.

C Der Stechginster bildet undurchdringliche Büsche und eignet sich als Heckenpflanze, weil er regelmäßigen Schnitt gut verträgt. In kalten, schneearmen Wintern erfriert er bis an den Boden, bildet jedoch wieder Stockausschlag. Der Strauch ist u. a. auch zur Befestigung von Binnendünen — zusammen mit *Cytisus scoparius* — geeignet.
Ernte des Samens im Mai–Juli. Aussaat Ende April des folgenden Jahres.
Keimdauer: 1–2 Wochen. Keimfähigkeit: 2–3 Jahre.

Ulex europaeus

Ulmus campestris Linné

(*Ulmus carpinifolia Gleditsch — Ulmus glabra* Miller)

Feldulme, Feldrüster, Rotulme, Rotrüster, Glattrüster

A Großer, bis etwa 35 m hoher Baum mit raschem Jugendwachstum und reichlichem Stockausschlag.
Dichtes, tiefgehendes Wurzelwerk. Außer einer Pfahlwurzel werden kräftige Herzwurzeln und zahlreiche flache Seitenwurzeln gebildet, die nicht sonderlich weit streichen. Es entsteht viel Wurzelbrut, wodurch der Baum u. U. lästig werden kann.
Eines der wertvollsten Nutzhölzer (Edelholz). Das Holz ist schwer, ziemlich hart, sehr zäh und elastisch. Es wird in der Industrie als Bauholz, Stellmacherholz, als Tischler- und Drechslerholz und auch für Wasserbauten verwendet. Der Splint ist wurmfraßgefährdet. Das Holz hat einen hohen Brennwert.
Der Ulmenbast dient als Droge und wird innerlich gegen Rheuma und Gicht, äußerlich in Pulverform zu Umschlägen und erweichenden Bädern angewandt.
Der Pollen ist als erste Bienennahrung im März sehr wichtig. Kein Blütenhonig! Blatthonig wird bis etwa Ende Juni gebildet.

B Die Feldulme ist in den mildenen Ebenen, Flußtälern und Auen standortsgerecht. Auf den Rohauböden der jungen Anschwemmungen der Bach- und Flußbereiche ist sie oft zu finden, zumal sie längere Überschwemmungen verträgt.
Der Baum stellt hohe Ansprüche an den Standort, denn er benötigt frische bis feuchte, lockere, tiefgründige, sehr mineralkräftige Böden.
Die Feldulme ist einer unserer wärmebedürftigsten Bäume, so daß die Niederungen Norddeutschlands gleichzeitig die Grenze des natürlichen Vorkommens sind. Im übrigen aber ist die Feldulme frosthart. Als Halbschattengehölz stellt sie mäßige Ansprüche an das Licht.
Die Feldulme ist aber auch ein Baum des Hügellandes, wo sie ihren natürlichen Standort auf warmen, trockenen Hängen flachgründiger Kalkböden und auf Steilhängen in Erosionsschluchten des Löß oder Lehm hat. In den Alpen geht sie bis 600 m hinauf.

C Da die Feldulme einer unserer anspruchsvollsten Bäume ist, muß die ungenügende Berücksichtigung der Standortsansprüche als Mitverursacher des Ulmensterbens angesehen werden. Wesentlich sind hier auch nachträgliche Standortsveränderungen, insbesondere Absenkung des Grundwassers. Das Krankheitsbild: Der Ulmensplintkäfer überträgt die Sporen des Erregers der Ulmenkrankheit *(Graphium ulmi)* und infiziert durch Fraß an den Ulmenzweigen und durch Bohren von Muttergängen. Das Mycel breitet sich in den jüngeren Jahresringen aus. Durch Reaktionen der Ulmen werden die Gefäße verstopft und der Wasserkreislauf gestört.

Äußere Krankheitssymptome: geringe Belaubung der Krone (oft einseitig!) und vorzeitiges Laubtrocknen. Vorbeugende Bekämpfung hat Erfolg, wenn eine Störung in der Wasserversorgung der Bäume durch Grundwasserabsenkungen oder in Trockenperioden vermieden werden kann. Vor allem sind für die Anpflanzung nur günstigste Standorte zu wählen und mittelmäßige oder ungeeignete auszuscheiden.
Da die Feldulme im Halbschatten gedeiht, ist sie z. B. zur Unterpflanzung und für weniger gut belichtete Standorte zu empfehlen. Auch am schnellfließenden Wasser und zur Festlegung trockener Steilhänge und Erosionsrinnen kommt sie in Betracht. Alle Ulmen sind empfindlich gegen chronische Einwirkung von Rauchsäuren und Gasen in Industriegebieten.
Bei allen Ulmen ist die Reifezeit sehr kurz, so daß die Samen schnell abfallen. Samenernte bald nach der Reife Ende Mai–Anfang Juni nach dem Abfallen der Samenbüschel. Die Aussaat muß gleich nach der Ernte erfolgen, da die Keimfähigkeit nach einem Monat aufhört. Keimdauer bis 1 Woche. Der Samen ist sehr trockenheitsempfindlich.

Ulmus campestris Linné *var. suberosa* Moench

Korkulme

A–C In Westdeutschland verhältnismäßig häufig außerhalb der Täler auf angrenzenden steinigen Talhängen. Ausläufertreibend und meist lockere Strauchgebüsche bildend. Zweige und Äste bei besonders trockenen Standorten mit Korkleisten besetzt. Auch als Heckenstrauch (Schnitthecke) hier und da bekannt, besonders im Küstengebiet zwischen Emden und Hamburg.
Möglicherweise ist diese in älteren Floren als Korkulme bezeichnete Art identisch mit der Englischen Rüster *Ulmus procera* Salisb.

Ulmus laevis Pallas

(*Ulmus effusa* Willdenow)

Flatterulme, Flatterrüster, Bastrüster, Fächerulme, Effe, Iffe

A Mittelgroßer bis großer Baum mit Höhen bis 30 m.
Das Wurzelwerk ist ähnlich wie bei *Ulmus carpinifolia* ausgebildet. Es treibt ebenfalls Ausläufer.
Das Holz ist geringwertiger als *Ulmus carpinifolia* und *Ulmus glabra,* jedoch schön gemasert.
Der Blütenpollen gehört zur ersten Bienennahrung im März. Kein Blütenhonig. Blatthonig wird bis Ende Juni gebildet.

B Die Flatterulme ist ein charakteristischer Baum der Ebenen und Auenwälder mit höheren Wärme- und Lichtansprüchen als die Feldulme. Das Hauptverbreitungsgebiet liegt in der Rheinebene des Elsaß und der Pfalz. Der Baum fehlt in höheren Lagen. Für die allgemeine Standortbeurteilung ist wichtig, daß die Flatterulme mit der Stieleiche am weitesten in das Gebiet der Steppe vordringt.
Die Ansprüche an den Boden werden am besten bei der Schwarzerde erfüllt. Ferner kommen Rohauböden und z. B. Standorte an schnellfließenden Bächen der Silikatgebirge in Betracht. Längere Überschwemmungen werden vertragen. Auch auf norddeutschen Auenböden kann sie vorkommen. Sonst ist die Flatterulme genügsamer als die Feldulme und gedeiht noch auf sandigeren und anmoorigen Böden.
Als Waldmantelgehölz ist die Flatterulme selten anzutreffen.

C Keine besonderen Hinweise.
Vermehrung wie *Ulmus carpinifolia.*

Ulmus montana Withering

(*Ulmus glabra* Hudson — *Ulmus scabra* Miller)

Bergulme, Bergrüster, Weißulme, Weißrüster, Haselulme

A Bis 30 m hoher Baum mit Stockausschlag.
Die Wurzelentwicklung ist ähnlich wie bei *Ulmus carpinifolia.* Es wird jedoch keine Wurzelbrut gebildet, deshalb entstehen im Gegensatz zu den beiden anderen Ulmenarten auch keine Ausläufer.
Das Holz ist lockerer als bei *Ulmus carpinifolia.* Der Gebrauchs- und Brennwert ist entsprechend geringer.
Der Pollen gehört zur ersten Bienennahrung im März. Blütenhonig wird nicht gebildet.

B Der Baum stellt geringere Ansprüche an die Lufttemperatur als die Feldulme und verträgt deshalb ein allgemein kälteres Klima. Der charakteristische Wuchsbezirk ist das mitteldeutsche Bergland. In den Alpen kommt die Bergulme bis 1300 m vor. In den Auen der Ebenen ist sie nur eingesprengt und weit geringer als die Feldulme anzutreffen (z. B. Elbe und Donau).
Mineralkräftiger, tiefgründiger Boden gilt als bester Standort. Die Feuchtigkeitsansprüche sind im Vergleich zur Feldulme geringer. In der Gesellschaft des Eichenmischwaldes ist die Bergulme ein verhältnismäßig anspruchsloser Waldbaum.

C Die Bergulme eignet sich besonders für Windschutzpflanzungen und für Gehölzpflanzungen an schnellfließenden Gewässern.
Vermehrung wie *Ulmus carpinifolia.*

Viburnum lantana Linné

Wolliger Schneeball, Schlingstrauch, Schlinge, Wollige Schlinge

A Bis 4 m hoher, raschwüchsiger Strauch, der sehr ausschlagsfähig ist. Das Holz ist hart, zäh und biegsam, aber nicht sehr dicht. Es kann für Spazierstöcke und Pfeifenrohre verwendet werden.
Wertvolle Bienennährpflanze im April–Mai. Die Sträucher bieten gute Nistgelegenheiten für die Vogelwelt. Die Beeren sind Vogelfutter. Blätter gegenständig.

B Dieser absolut winterharte Strauch gedeiht am besten auf basenreichen Wassermangelstandorten. Hier werden sonnige Hänge, sogar heiße Südhänge in Trockengebieten, bevorzugt. In den Alpen dehnt sich der Wuchsbezirk bis in Höhen von 1400 m aus. Alkalische Bodenreaktion ist Voraussetzung für gutes Wachstum auf Sand-, Lehm- und Kalkböden; je höher der pH-Wert, um so trockener können die Standorte sein. Im Gegensatz zu *Viburnum opulus* versagt der Wollige Schneeball auf zu feuchten Standorten.
Der Strauch verträgt jedoch leichte Beschattung, so daß er in lichten Laubwäldern und an Waldrändern des Hügellandes und Gebirges zu finden ist.

C Industriefester Strauch.
Kein Wildverbiß.
Ernte der zunächst roten, später schwarzen Steinfrüchte um die Reifezeit im Herbst. Wenn vorher geerntet wird (noch rote Früchte), genügt u. U. halbjährige feuchte Stratifikation. Bei Ernte vollreifer, schwarzer Früchte oft Überliegen, so daß die 2jährige Stratifikation erforderlich ist. Die Früchte werden zur Entfernung des Fruchtfleisches ausgewaschen. Aussaat April bis –Mai. Keimfähigkeit: 1 Jahr. Die Vermehrung kann auch durch Absenker erfolgen.

Viburnum opulus Linné

Schneeball, Wasserschneeball, Wasserholder

A Bis 5 m hoher, raschwüchsiger Strauch mit starkem Stockausschlagsvermögen.
Flachstreichende Bewurzelung und dichtes Faserwurzelwerk.
Das Holz ist hart, zäh, schwer spaltbar, jedoch leicht rissig. Die Verwendung kann sich auf Stöcke, Absätze, Schuhnägel u. a. m. beziehen. Der Stockausschlag und die Stammloden sind für Pfeifenrohre und Spazierstöcke geeignet. Blätter gegenständig.
Die Früchte sind nicht giftig. Sie werden jedoch von den Vögeln so lange verschmäht, bis der erste Frost sie genießbar gemacht hat.

B Der Schneeball ist ein Strauch insbesondere der feuchten Überschwemmungsgebiete, des Bruchwaldes und der feuchten Täler in der Ebene und im Hügelland. Er verträgt längere Überschwemmungen. In den Alpen reicht das Vorkommen bis etwa 1000 m.
Der Strauch verlangt feuchte — auch noch nasse — humose Böden mit alkalischer Reaktion. Er meidet trockene Böden. Allerdings kann fehlende Feuchtigkeit in gewissem Umfang durch erhöhten Kalkgehalt ersetzt werden. Bevorzugte Böden sind die jungen Anschwemmungen des Bach- und Flußbereiches, wo der Strauch auch an schnellfließenden Bächen anzutreffen ist. Der Schneeball ist schattenverträglich, liebt auch leichten Schatten und zählt somit zu den fakultativen Schattenpflanzen.

C Die Verwendung des Schneeballs erstreckt sich auf Bach- und Flußufer und auf Waldränder. Ferner wird er für die Haldenbegrünung (Waschberge) empfohlen.
Während der Vegetationszeit sind die Sträucher oft stark von schwarzen Blattläusen befallen, wenn der Standort zu trocken ist.
In Hackfruchtgebieten ist die Anpflanzung und Duldung des Schneeballs in größerem Maße nicht anzuraten, weil der Strauch Winterwirtspflanze für die Schwarze Rüben- oder Bohnenlaus *(Doralis fabae)* ist, welche die Vergilbungskrankheit und andere Krankheiten der Rüben hervorruft (siehe Flugblätter Nr. 13 und 32 der BBA).
Der Schneeball leidet nicht unter Wildverbiß.
Vermehrung ähnlich wie *Viburnum lantana.*

Nadelgehölze

Abies alba Miller

Weißtanne, Edeltanne

A 30 bis 40 m hoher Nadelbaum, der im Wirtschaftswald ein Höchstalter von 180 bis 200 Jahren erreicht. Bis zum 15. Jahr wächst der Baum langsam, dann aber rascher. Die dichte Krone schützt den Boden vor Austrocknung durch Sonne und Wind. Die Nadeln verwesen besser als bei der Fichte.
Der Baum bildet eine starke Pfahlwurzel aus. Im übrigen ist die Wurzelentwicklung herzförmig, dicht, und reicht ziemlich tief. Das Wurzelwerk bindet den Boden gut, zumal es auch sehr anpassungsfähig ist.
Das leichte und weiche Holz findet vielerlei Verwendung, z. B. in der Bau- und Möbeltischlerei, beim Boots-, Maschinen- und Brückenbau und als Grubenholz.
Tannenzapfen- und Tannennadelöl werden als Droge verwandt, äußerlich zum Einreiben und zum Inhalieren.
In heißen Sommern Süddeutschlands bildet sich Nadelhonig, der als Bienennahrung ab Juni bis in den Herbst benötigt wird.

B Die Tanne ist der charakteristische Nadelbaum des gemäßigten Gebirgsklimas mit hohen Ansprüchen an die Luftfeuchtigkeit und — besonders in der Jugend — mit großer Empfindlichkeit gegen extreme Temperaturen des Sommers und Winters einschließlich der Spätfröste. Kontinentale Klimabereiche und Übergänge zu diesen, sowie Gebiete mit Trockenperioden begrenzen ihre Wuchsbezirke eindeutig. Die Tanne ist eine ausgesprochene Schattenholzart. Sie stellt bestimmte Ansprüche an die durchschnittliche Temperatur in der Vegetationsperiode, die ab Juli nicht unter 13 °C liegen darf. Dieser Zeitraum muß frostfrei sein. Andererseits meidet sie wintermildes, atlantisches Klima (Tannensterben).
Das Hauptverbreitungsgebiet liegt in den süddeutschen Gebirgen: z. B. Schwarzwald 400 m bis 1000 m, Bayerische Alpen bis 1400 m, Thüringer Wald, Fichtelgebirge, Frankenwald, Erzgebirge bis 800 m, Bayerischer Wald bis 1100 m. Die untere Grenze ist bestimmt durch die nicht ausreichenden Niederschläge und die größere Frostgefährdung in Tieflagen. Die Tanne meidet Lagen ohne ausreichende Luftbewegung wie Talauen, Talsohlen und Senken, in denen häufig Nachtfröste auftreten.
Zusammenfassung: Das Gedeihen der Tanne wird durch mikroklimatische Faktoren stark beeinflußt. Sie gehört zu den anspruchsvollsten Bäumen.
Auch die Ansprüche an die Mineralkraft des Bodens sind hoch. Die Tanne fordert feuchtigkeitshaltende, schwerere Böden. Sie wächst sowohl auf kristallinen Schiefern als auch auf Kalkverwitterungsböden und bedeckt in Süddeutschland oft Hangschuttböden. Staunässe ist nachteilig.
Phänologie: Der Maitrieb erfolgt auf dem Höhepunkt des Vollfrühlings (Futterrübenaufgang).

C Die Tanne erschließt schwerere Böden besser als die Fichte. Sie

bildet nur geringe, lockere und leicht zersetzbare Rohhumusauflagen. Besonders bei höherem Alter ist sie in rauchgefährdeten Gebieten hochempfindlich.
Auf die periodische Bedrohung der Bestände durch den Tannenborkenkäfer (Flugblatt Nr. 63 der Biologischen Bundesanstalt) wird hingewiesen. Sie hängt sowohl mit der Schwächung der Bestände durch Trockenheit als auch mit zu günstigen Vermehrungsbedingungen für den Schädling in warmen Tieflagen und warm-trockenen Randgebieten des Tannen-Vorkommens zusammen.
Seit Jahrzehnten sind z. B. in Ostfriesland Tannenbestände mit natürlicher Verjüngung mit Erfolg begründet worden.
Da die Zapfen mit den harzhaltigen Samen unmittelbar nach der Reife zerfallen, muß das Pflücken der Zapfen sofort nach der Reife oder ein bis zwei Wochen vorher geschehen. Die Samen werden nicht entflügelt. Die Aussaat erfolgt im Herbst oder April–Mai. Keimdauer: acht Tage. Keimfähigkeit: ein bis zwei Jahre.

Juniperus communis Linné

Wacholder, Machandelbaum, Kranawettstrauch, Kranewitt, Kronawitt, Wachhecke

A Die zweihäusigen Pflanzen wachsen sehr langsam und meist strauchartig. Doch werden sie auch zu kleinen bis mittelgroßen Bäumen mit Höhen bis 10 m und tiefansetzender Krone.
Sehr anpassungsfähiges Pfahlwurzelsystem.
Holz weich, zäh, elastisch und äußerst dauerhaft. Vorzüglich für feine Holzarbeiten, auch zum Räuchern zusammen mit frischen Zweigen. Das Harz kann zur Lackfabrikation verwandt werden.
Getrocknete Früchte und Zweigspitzen, Wacholdermus und -saft, das Öl der Früchte und des Holzes werden vielseitig als Droge verwandt. Mittel gegen Krankheiten des Gefäß- und Nervensystems (Migräne, nervöses Herz, Mattigkeit) sowie gegen Gicht und Rheuma. Blutreinigend, harn- und schweißtreibend. Reife Beeren als Würze in der Branntweinherstellung (Gin usw.).
Wacholdergehölze sind ein beliebter Winterzufluchtsort für das Wild. Vogelnester sind zwar durch die stacheligen Nadeln gut geschützt, wegen trockner Nadeln im Gelege jedoch nicht sehr begehrt. Reife Beeren sind Vogelnahrung (natürliche Verbreitung). Der Pollen der kleinen Kätzchen ist für die Bienen wertvoll.

B Der Wacholder ist ein Strauch der Ebene und des Gebirges (Alpen bis 1600 m).
Er liebt kalkhaltige Sand- und Kiesböden mit einem ausgeglichenen Grundwasserstand, der aber nicht anhaltend hoch sein darf. Der Strauch gilt als genügsam, weil er noch auf kalkarmen, leicht sauren Standorten (Moorböden) gedeiht. Zur trockene Sande sind aber ungünstig.
Im übrigen verträgt er sonnige Standorte, Sommerdürre und hohe Kältegrade, meidet jedoch zu große Beschattung.

C Der Wacholder ist Wirtspflanze des Gitterrostes der Birne *(Gymnosporangium tremelloides),* dessen Sporidien im Juli–August die Birnenblätter (orangerote Flecke) infizieren. Das Mycel der Wintersporen (Teleutosporen) perenniert im Holz des Wacholders, der deshalb in Birnenanbaugebieten und bei Obstgärten im Umkreis von 1 km nicht geduldet werden soll. Das Sammeln von wildwachsenden Wacholderpflanzen oder von Teilen derselben — mit Ausnahme der Beeren — für den Handel oder für gewerbliche Zwecke ist verboten.
Der Wacholder ist empfindlich gegen Rauchschäden.
Die Verwendung wird sich hauptsächlich auf Unterholz und Pflanzung im Waldrand beschränken.
Reife der Beeren erst im Spätherbst des zweiten Jahres, Ernte im Winter. Bis zum Frühjahr trocken aufbewahren, dann ein Jahr stratifizieren. Aussaat im März des zweiten Frühjahrs nach der Ernte oder sofortige Herbst-

saat nach der Ernte (dann Keimung im Frühjahr). Keimung nach 5–6 Wochen. Keimfähigkeit: 2 Jahre.

Larix decidua Miller

(*Larix europaea* De Candolle)

Lärche, Europäische Lärche, Steinlärche, Sudetenlärche, Alpenlärche, Jochlärche

A Bis 35 m hoher Baum mit schnellem Jugendwachstum, der aber in 20–30 Jahren z. B. von der Fichte eingeholt wird.
Der Boden wird durch stark verzweigte Herzwurzeln tief und weit, aber locker durchwurzelt. Das kräftige Wurzelsystem geht noch tiefer (Pfahlwurzel), wenn das Wasserbedürfnis in den oberen Bodenschichten nicht befriedigt werden kann. Auf zusagendem Standort besitzt die Lärche deshalb große Sturmfestigkeit.
Zähes, elastisches, tragfähiges Zimmermannsholz. Es ist das härteste und dauerhafteste Holz unserer Nadelbäume, gegen Nässe widerstandsfähig, deshalb unter Wasser ebenso wertvoll wie die Eiche. Bereits nach 15–20 Jahren liefert die Lärche Gruben- und Faserholz. Bevorzugte Verwendung im Bergbau und — da das Holz sehr harzreich ist — in der Terpentinindustrie (Venezianisches Terpentin). Das Holz ist schwer zu beizen und zu imprägnieren. Wenig Wurmfraß.
Als Droge innerlich z. B. bei Diphtherie und zur Desinfektion von Hals und Rachen, äußerlich als Zusatz zu Salben und Pflastern.
Samen als Vogelfutter. Für die Bienen liefern Lärchen, Fichten und Weißtannen den hervorragenden Waldhonig (Nadelhonig).

B Baum des warm-kontinentalen Klimas, der während der Vegetationszeit Lufttrockenheit (nicht mehr als 75 % rel. Luftfeuchtigkeit) benötigt und gegen luftfeuchtes Klima unverträglich ist. Zum atlantischen Klimabereich hin nimmt das Vorkommen der Lärche deshalb stark ab; zu früher Austrieb hat hier Krankheiten, wie Frostschäden, Zweigdürre bzw. Krebs, zur Folge.
Die Lärche gedeiht sowohl in den norddeutschen Ebenen (Nord- und Ostseeküste) als auch im Bereich der Mittelgebirge (Sudetenlärche bis 600 m) und im Hochgebirge bis 2400 m (Alpenlärche). Sie versagt in Westdeutschland und in den höheren Lagen der Mittelgebirge, weil hier die Niederschläge zu reichlich sind. Regenschattenlagen sind deshalb stets günstiger.
Entscheidend für das Gedeihen der Lärche ist ferner Wärme während der Vegetationszeit. Die Ansprüche sind in den Ebenen mäßig und steigen in den Gebirgslagen mit zunehmender Höhe, so daß hier Süd- und West-Expositionen bessere Standorte darstellen. In tieferen Lagen werden Nordseiten bevorzugt. Die Lärche legt auf Steigerung der Transpiration durch trockene Wärme großen Wert.
Beachtlich ist der Anspruch auf rege Luftbewegung. Die Lärche verlangt freie Lagen (z. B. Höhenrücken), freie Hänge mit Berg- und Talwinden. Sie meidet Mulden, Schluchten und enge Täler (spätfrostempfindlicher Baum!). Wenn sie auch gegen Frost und Hitze unempfindlich ist, so soll ihr Standort

vor extrem trockenen Kalt- und Warmwinden geschützt sein. Die Lärche ist ein ausgeprägt lichtbedürftiges Gehölz. Sie leidet bei Beschattung.
Die besten Wuchsleistungen werden auf anlehmigen Böden erreicht, die tiefgründig, locker und kräftig, sowie gleichmäßig frisch bis feucht sind. Letzteres ist Voraussetzung, wenn der Anteil an mineralischen Nährstoffen geringer ist. Geeignete Böden sind ferner Kalk- und Silikatböden, auch schwere Tonschieferböden. Wenn auch allgemein alkalische Reaktion bevorzugt wird, so kommen — insbesondere in wärmeren und niederschlagsarmen Gebieten — auch leicht saure, selbst sumpfige Böden in Betracht. Flachgründige Südhänge und trockene, arme Sandböden sind ungeeignet.
Phänologie: Erste Nadeln erscheinen am Ende des Erstfrühlings (Spätkartoffelbestellung).

C Die Europäische Lärche gilt allgemein als sehr empfindlich gegen Krankheiten und Einwirkung von Rauch und Gasen, vor allem in der Jugend. Die Wahl des richtigen Wuchsbezirkes ist also wichtig.
Im übrigen siehe »Japanische Lärche«.
Reife der kleinen Zapfen bereits im Oktober, Ernte aber erst im Spätherbst oder Spätwinter bis Mai, da die Samen lange am Baum verbleiben. Die Zapfen werden mechanisch entkernt. Aussaat Ende April bis Anfang Mai nach Vorkeimung ab März. Auch Herbstsaat. Keimung nach 8 Tagen.

Picea abies Karsten

(*Picea excelsa* Link)

Fichte, Rotfichte, Europäische Fichte, Rottanne

A Baum mit Höhen von 40 m und mehr. Im Kulturwald Alter bis 150 Jahre, im Urwald das Mehrfache hiervon. Großes Ausschlagsvermögen. Durch tief am Boden liegende Äste ist Absenkerbildung möglich.
Flaches, weitstreichendes und dichtes Wurzelwerk. Auf schweren, nassen oder dichten Böden ist es tellerförmig ausgebildet, daher leichter Sturmwurf. Auf zusagendem Standort mit gut durchlüfteten Böden tiefergehendes und unregelmäßiger ausgebildetes Wurzelwerk, dann gute Verankerung im Boden.
Das Holz ist leicht und weich, mäßig dauerhaft, aber tragfest; Verwendung z. B. in der Zellulose- und Kunstseidenindustrie. Ferner Stangenholz. Die Rinde ist gerbstoffreich und dient zur Herstellung von Lohe.
Sprossen, Fichtenzapfen- und Nadelöl als Droge, insbesondere bei Erkrankungen der Luftwege; als Badezusatz nervenberuhigendes Mittel. Fichtenharz ergibt weißes Pech zu Pechpflastern.
Im Jugendwachstum und in Heckenform bedeutendes Vogelschutzgehölz, Nester in guter Deckung. Die Samen sind Vogelfutter. Als Bienenweide sehr wichtig, da der Baum besonders in heißen Sommern (Juni) reichlich Nadelhonig erzeugt; ein Baum liefert über Nacht 10 l bis 15 l Nadelhonig (DENGLER).

B Baum des nordisch-kontinentalen Klimabereiches und der hohen Gebirgslagen; das atlantische Klima verträgt er nicht. Die Kenntnis der klimatischen Erfordernisse steht vor den Ansprüchen an den Boden. Das Wachstum der Fichte ist auf eine Begrenzung der Vegetationszeit angewiesen.
Der Wärmefaktor ist entscheidend. Die Fichte liebt die Kühle (Winterkaltes Klima) und Gebiete, in denen die durchschnittliche Wintertemperatur nicht über minus 1 °C ansteigt. Bei zu warmen Wintern (ozeanisches Klima) treten häufig Rotfäule und Insektenbefall auf. Die Fichte mag keine andauernde Hitze und Dürre. Das besagt nicht, daß sie gegenüber gelegentlich sehr hohen Temperaturen empfindlich ist.
Die Fichte beansprucht Luftfeuchtigkeit und ein Minimum an jährlichem Niederschlag (600 mm). Besonders während der Vegetationsperiode ist die Regendichte von Bedeutung für die Wasserversorgung des flachwurzelnden Baumes. Wenn die Wasserversorgung des Bodens gut ist, kann die 600-mm-Grenze unterschritten werden.
Aus diesen Voraussetzungen ergibt sich die Abgrenzung des Wuchsbezirkes. Die Fichte ist der vorherrschende Baum deutscher Mittelgebirge und Hochebenen des winterkalten Klimas (Alpen bis 2000 m). Je höher der Standort, um so wichtiger ist die Exposition. Auf höchsten Lagen werden Süd- oder Südwest-Expositionen bevorzugt, weil ein gewisser Wärmean-

spruch erfüllt sein muß. In tieferen Lagen sind Nord-, Nordwest- und Nordost-Expositionen günstiger. Die Fichte fehlt in den Strom-, Fluß- und Talauen.
Die Ansprüche an Mineralgehalt, Tiefgründigkeit und Frische des Bodens sind geringer. Wichtig sind Wasserreserven (bewegtes Bodenwasser). Trockene, flachgründige und tonige Standorte kommen nicht in Betracht. Staunasse und zu nährstoffreiche Böden fördern die Rotfäule.
Die Fichte ist in der Jugend spätfrostempfindlich. Als windstarrer Baum ist sie auch erheblich sturmgefährdet, so daß ihr Vorkommen sowohl in den Küstengebieten als auch in Hochlagen begrenzt ist. Auf schweren Böden Windwurf und Borkenkäfer, auf gut durchlüfteten Böden windfest.
Phänologie: Maitrieb im Vollfrühling (Futterrübenaufgang).

C Die Fichte fördert stark und frühzeitig die Rohhumus- und Staunässebildung und trägt damit zur Bodenverschlechterung bzw. Verdichtung von Bodenhorizonten bei. Kalkärmere Böden sollten nur im Mischbestand bepflanzt werden, um das Absinken der pH-Werte zu verhindern. In Gebirgslagen, auf Geröll- und Schuttböden mit gutem Wasserzug kann Fichte angebaut werden. Die Fichte ist sehr empfindlich gegen Verunkrautung und gegen Industriegase (Rauchsäuren). Wildverbiß durch Rehwild. Fichtennadeln zur Herstellung sehr saurer gärtnerischer Betriebserden.
Pflücken der Zapfen ab Oktober–März. Die Samen müssen geklengt und entflügelt werden. Aussaat im April nach kurzem Vorkeimen. Keimfähigkeit bis 10 Jahre, mindestens 5 Jahre.

Picea sitchensis Carrière

(*Picea falcata* Valck-Suringar —
Picea sitchensis Trautvetter u. Meyer)

Sitkafichte

A Bis 35 m hoher, breitkroniger Baum.
Das Wurzelwerk ist sehr intensiv ausgebildet und sorgt bei geeignetem Standort für große Windfestigkeit des Baumes.

B Die Sitkafichte ist ein Baum der atlantischen Küstengebiete und gedeiht deshalb am besten im kühlen, feuchten und nebelreichen Küstenklima. Hier ergänzt bzw. übertrifft sie die Rotfichte. Sie verträgt Seewinde und den Salzgehalt der Luft weit besser als andere Nadelgehölze. In diesen Wuchsbezirken ist die Sitkafichte auch wenig empfindlich gegen tiefe Wintertemperaturen, wogegen sie die Lufttrockenheit und die tiefen Wintertemperaturen des kontinentalen Klimas nicht verträgt. Ihr Lichtbedürfnis ist groß.
Die Sitkafichte liebt sandige, feuchte bis nasse Böden. Auf nassen und anmoorigen Standorten ist sie der Rotfichte allgemein vorzuziehen. Früher Austrieb jüngerer Pflanzen verursacht Spätfrostgefährdung, die größer ist als bei *Picea abies.*

C Die Sitkafichte ist ein guter Sandbinder und sollte in Küstennähe zur Begrünung größerer Flächen verstärkt herangezogen werden. Von einer übertriebenen Verwendung ohne genaue Beachtung der Standortansprüche ist jedoch abzuraten (z. B. bei Acker- und Ödlandaufforstungen). Die Sitkafichte kann durch Rotfäule und den Riesenbastkäfer erheblich geschädigt werden.
Insbesondere im Küstengebiet soll die Anpflanzung z. B. als Gehölz höherer Hecken gefördert werden. Die Sitkafichte verträgt gut den regelmäßigen Schnitt. Größere Bäume begrünen nach ihrer Freistellung wieder.
Ernte der Zapfen Oktober–November.
Sonst wie *Picea abies.*

Pinus cembra Linné

Zirbelkiefer, Zirbel, Zirbe, Arve, Sibirische Zeder

A Mittelgroßer Baum, der bei sehr langsamem Wachstum Höhen von 10–20 m erreicht. Die unregelmäßige Krone setzt tief an.
Die Bewurzelung ist kräftig und weitstreichend.
Das wertvolle Holz ist sehr leicht, weich und zäh, ein an Dauerhaftigkeit unübertreffliches Schindelholz. Aus den Zweigen wird Harz gewonnen.
Aus den Zapfen wird »Karpatischer Balsam« hergestellt. Das Nadelöl findet äußerlich zu Einreibungen Verwendung. Die Zirbelnüsse enthalten Öl und eine Art von Mandelmilch. Sie sind eßbar und deshalb in Gebirgsgebieten sehr geschätzt.
Die Zirbelnüsse sind auch begehrte Tiernahrung (Vögel, Eichhörnchen u. a. m.). 5-nadelig.

B Ausgeprägt kontinentale Baumart, die — klimatisch abgehärtet — gegen Frost und tiefe Kältegrade sowie gegen hohe Sommerwärme unempfindlich ist. Die Zirbelkiefer ist ein lebenszäher Hochgebirgsbaum, der in den Alpen bis in Höhen von 2400 m an der oberen Baumgrenze vorkommt. Sie scheut weder die Nähe der Schneefelder und Gletscher noch Sturmlagen und rauhe Nordhänge.
Die Zirbelkiefer verlangt kurze aber warme Sommer und hohe Luftfeuchtigkeit. Sie ist eine Lichtholzart, die nur in der Jugend schattenverträglich ist. Sie benötigt eine völlig freie Lage und darf niemals unter Schatten- und Wurzeldruck stehen.
Die Zirbelkiefer bevorzugt genügend frische oder feuchte, möglichst tiefgründige, lehmige Böden.

C Der Baum ist widerstandsfähig in rauchgefährdeten Gebieten. Er wird u. U. vom Wild sehr stark verbissen.
Der Wuchs der Zirbelkiefer ist je nach den standörtlichen Gegebenheiten recht verschieden. SCHOENICHEN spricht deshalb von Kandelaber-, Bajonett-, Blitz-, Wind-, Wurf- und Verbißarven.
Reife der Zapfen Ende Oktober des zweiten Jahres. Nach der Ernte ist eine etwa halbjährige feuchte Stratifikation erforderlich. Die Aussaat erfolgt im Frühjahr. Die Saat liegt 1–2 Jahre über. Keimung frühestens im zweiten Frühjahr nach der Reife. Keimfähigkeit: 2–3 Jahre.

Pinus cembra

Pinus mugo Turra

(*Pinus montana* Miller)

Krummholzkiefer, Bergkiefer, Latsche, Legföhre, Knieholz, Zwergkiefer

A Strauchartiges, bis etwa 2 m hohes Gehölz mit oft niederliegenden Stämmen. Als Baum werden mittlere Höhen um 20 m erreicht. Sehr langsamer Wuchs. Absenkerbildung durch Bewurzelung tiefliegender Äste.
Das Wurzelwerk ist stark verzweigt und ohne Pfahlwurzel ausgebildet, so daß der Boden nur flach erschlossen wird.
Das harzreiche Holz ist sehr hart, schwer und dauerhaft, doch sind die Verwendungsmöglichkeiten unbedeutend (z. B. Holzkohle).
Aus den Nadeln kann durch Destillation Latschenöl gewonnen werden; es wird äußerlich zu Einreibungen, zum Inhalieren sowie als Bäderzusatz benutzt. 2-nadelig.

B Klimatisch abgehärtetes Gehölz, das keine Ansprüche an Klima und Boden stellt und auch sehr anpassungsfähig ist.
In Gebirgslagen reicht das Gehölz bis in Höhen um 2500 m hinauf. Es ist hier widerstandsfähig gegen Schneedruck, wächst auf sumpfigen, kalten Hochmoorböden (z. B. Hochmoore des Schwarzwaldes) oder begnügt sich mit dünner Humusschicht über Kalk. Auch gedeiht es noch auf humusfreien Sandböden (z. B. Dünen).
Je schlechter der Standort, um so zwerghafter ist der Wuchs der Krummholzkiefer.

C Die Krummholzkiefer wird sowohl als Lawinenschutz (Latschen) als auch zur Bepflanzung von Küsten- und Binnendünen in windextremen Lagen, von Rohböden, Schotterböden und Spülsandflächen verwendet. Auf solchen humusfreien Standorten faßt das Gehölz leicht Fuß, wenn es flächig gepflanzt wird. Die Krummholzkiefer verdrängt das Heidekraut; sie ist widerstandsfähig gegen Rauchschäden.
Ernte des Samens im Dezember des zweiten Jahres. Aussaat in der ersten Hälfte des April nach Vorkeimen. Keimdauer: 3–4 Wochen. Keimfähigkeit: 5 Jahre.

Pinus mugo

Pinus nigra Arnold

(*Pinus nigricans* Host — *Pinus maritima* Miller — *Pinus laricio* Poiret)

Schwarzkiefer, Schwarzföhre

A Mittelgroßer Baum, der in seiner Heimat Südosteuropa Höhen bis 40 m erreichen kann. Der Baum wächst langsamer als *Pinus silvestris.*
Flaches, weitstreichendes Wurzelwerk, flacher als *Pinus silvestris.* Dennoch erhebliche Widerstandsfähigkeit gegen Wind und Sturm.
Das dauerhafte Holz ist weich, leicht, elastisch und fest wie Lärchenholz. Es ist auch im Wasser sehr haltbar. Das Harz ist terpentinreich und wird als »Neustädter Terpentinöl« in den Handel gebracht. Das Holz ergibt eine vorzügliche Kohle.
Verwendung als Droge wie bei *Pinus mugo.*
Die Samen sind Vogelfutter. 2-nadelig.

B Die Schwarzkiefer ist ein Gebirgsbaum des warmen, kontinentalen Klimas. In Deutschland ist ihr Vorkommen deshalb an ein ganz bestimmtes Optimum an Sonnenwärme und auch Bodenfeuchtigkeit gebunden. Gegen Dürre und Hitze ist die Schwarzkiefer unter solchen Voraussetzungen absolut unempfindlich. Sie stellt keine Ansprüche an die Luftfeuchtigkeit.
Die Schwarzkiefer bevorzugt Südhänge der Kalkböden und wächst sogar auf blankem, flachgründigem Kalk (z. B. Karstgebiete der Thüringischen Triasgebiete, Muschelkalkhöhen). Im übrigen liebt sie etwas bindige Böden; auf mageren und trockenen Standorten läßt ihr Wachstum erheblich nach. Für nasse und torfige Standorte ist sie auf keinen Fall geeignet.
Die Schwarzkiefer ist eine Halbschattenholzart.
Erwähnenswert ist ihr Vorkommen an den Küsten, wo sie unempfindlich gegen Seewinde und den Salzgehalt der Luft und mitunter als Schutzgehölz gepflanzt wurde.

C Die Schwarzkiefer bildet trotz reichlichen Nadelabfalles keinen Humus. Diese Tatsache schließt sie als alleinige Pionierholzart zur Spülsand- und Rohbodenbefestigung, zur Ödlandbegrünung, für Küstendämme und Küstendünen aus, weil sich keine Bodenvegetation bilden kann. Die Gehölzarten des Endbestandes sollten deshalb möglichst bald eingebracht werden, nachdem die Schwarzkiefer ihre Aufgabe als Amme für die Laubholzarten erfüllt hat (sie ist unempfindlich gegen Sandschliff!).
Als Begleiter kommen auf gebirgigen Kalkstandorten z. B. in Betracht: *Quercus pubescens, Crataegus monogyna, Prunus mahaleb, Cotoneaster integerrima* und *tomentosa, Colutea arborescens, Genista pilosa.*
Die Schwarzkiefer ist industriefest und sehr rauchhart.
Die Samen reifen im November des zweiten Jahres und fallen im April des dritten Jahres aus. Ernte durch Pflücken. Anschließend Zimmerdarre. Aussaat Ende März bis Anfang April nach Vorkeimen.
Keimung nach 3–4 Wochen. Keimfähigkeit: 5 Jahre.

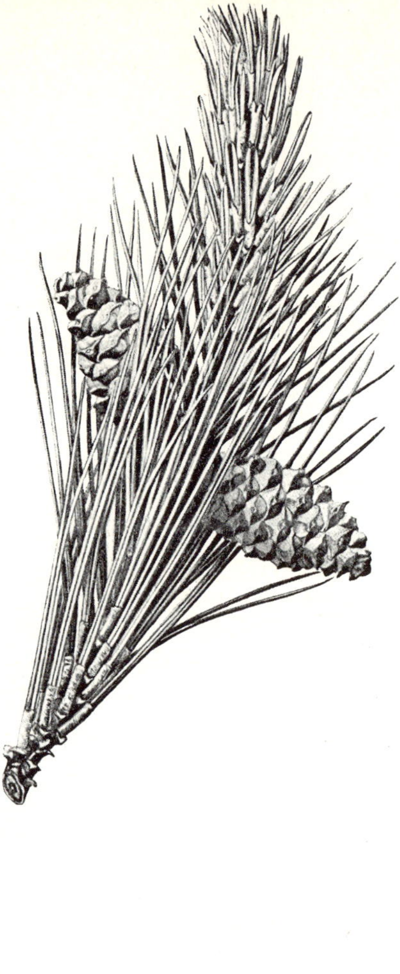

Pinus nigra

Pinus silvestris Linné

Kiefer, Weißkiefer, Föhre, Forche, Forle, Kienbaum, Waldkiefer

A In den ersten Jahrzehnten sehr schnell wachsender Baum, der mit 80 Jahren bereits Höhen bis 25 m erreicht. Im Freistand bildet er eine breite Krone und einen kurzen, astigen Stamm.

Die Durchwurzelung des Bodens ist nicht dicht, aber tief und weit. Der Baum entwickelt eine Pfahlwurzel und zahlreiche Seitenwurzeln, die teils oberflächlich, teils schräg in den Boden eindringen und den Baum gut verankern. Das Wurzelwerk soll das Zehnfache an Faserwurzeln als das der Fichte aufweisen. Auf flachgründigen, tonigen, grundwassernahen, moorigen und Ortsteinböden neigt die Kiefer zur Flachbewurzlung.

Das Holz ist harzreich, leicht und mäßig hart, jedoch härter und schwerer als Fichte und Tanne. Wertvolles Bau- und Werkholz, ferner Papierholz. Das Harz dient als Rohstoff zur Terpentin-, Holzteer- und Kolophoniumherstellung.

Kiefernnadeln und -sprossen sowie das Nadelöl ergeben Mittel gegen Rheuma und Gicht und zum Inhalieren. Harz und Terpentin können äußerlich zur Behandlung von Geschwüren und frischen Wunden verwendet werden. 2-nadelig.

Samen als Vogelfutter. Die Kiefer liefert Kittharz als Baustoff für die Bienen.

B Nordisch kontinentaler Baum vorwiegend des östlichen Tieflandes mit geringerer relativer Luftfeuchtigkeit und höherer Winterkälte (Winterruhe!), aber auch der Gebirgs- und Hochgebirgslagen bis 2000 m und bis 1000 mm Niederschlag. Mit zunehmender Höhe über NN läßt das Wachstum auf trockenen und armen Böden nach. Im ozeanischen Klima wird die Kiefer nicht heimisch (Rohhumusbildung bis 40 cm). In Übergangsgebieten ist sie als klimatisch indifferenter Baum anpassungsfähiger und hier auf Sandböden sogar vorherrschend (z. B. diluviale Sande der Lüneburger Heide); im übrigen wird sie hier durch die Buche verdrängt.

Neben ihrer Unempfindlichkeit gegen Hitze, Frost und Winddruck ist das Lichtbedürfnis der Kiefer bemerkenswert, das auf besseren Standorten etwas abnimmt.

Die Kiefer ist der »Baum des Sandbodens«, da sie geringe Ansprüche an Mineralgehalt und Feuchtigkeit des Standortes stellt; sie ist in der Lage, ihren Wasserverbrauch notfalls sehr einzuschränken, bevorzugt hier aber tiefgründige und lockere Böden. Gleichmäßig frische Standorte mit höherem Grundwasserstand sichern auf Sand bestes Wachstum. Offene weiße Sande meidet die Kiefer, ohne Humus versagt sie. Sie ist hinsichtlich des Bodens sehr anpassungsfähig und anspruchslos, so daß sie auch noch auf sauren Böden (Hochmoorböden, nicht Flachmoor) und — im Gegensatz zur Fichte — auf wechselfeuchten Standorten wächst. In höheren Lagen gedeiht sie auf basenreichen Wassermangelstandorten (z. B. Dolomit), heißen, felsigen Südhängen in Trockengebieten, ferner auf armen Sanden des Keupers und auf kalkarmem Granit.

Phänologie: Der Maitrieb erscheint im Vollfrühling (Frühkartoffelaufgang).

C Die Kiefer kommt zusammen mit Laubholzarten zur Bewaldung von Binnendünen in Frage. In Reinbeständen dominiert u. U. der Graswuchs, so daß die Einbringung anderer Gehölze erforderlich ist. Für Schutzpflanzungen ist sie nicht geeignet.
In der gärtnerischen Praxis wird die sehr stark saure und nährstoffarme Nadelerde (pH-Wert: 3,0–4,5) für Moorbeetkulturen benutzt.
Rinde und Triebspitzen von Jungpflanzen werden durch Reh, Hase und Kaninchen verbissen.
Die Kiefer ist widerstandsfähig gegen chronische Einwirkung von Rauchsäuren und Gasen und deshalb zur Haldenbegrünung geeignet.
Reife der Zapfen im Oktober–November des 2. Jahres. Zapfen bleiben mit Samen bis zum Frühjahr am Baum. Zapfenernte durch Pflücken ab Dezember–März. Zimmerdarre. Aussaat im Frühjahr. Keimung nach 3 Wochen, z. T. Überliegen. Keimfähigkeit: 3–5 Jahre. Nur erkanntes Saatgut entsprechend den deutschen Wuchsbezirken und Höhenlagen verwenden: Höhenkiefer für 200–600 m und 500–800 m. Tieflandkiefer für süddeutsches Tiefland unter 300 m und für norddeutsches Tiefland.

Pinus silvestris

Pinus strobus Linné

Weymouthskiefer, Strobe, Seidenföhre, Glattföhre

A Schnellwüchsiger Baum mit Höhen bis 30 m und darüber.
Starke Pfahlwurzel und weitstreichende Seitenwurzeln, ähnlich wie *Pinus silvestris*. Sturmfester Baum.
Das Holz ist leicht und weich. Es zählt zu den weichsten der einheimischen Hölzer und wird als Nadelholz mit Pappeleigenschaft bewertet, ist also geringwertiger als die Kiefer. Auch ist der Heizwert mäßig. Das Holz kann als Furnier- und Sperrholz, aber nicht als Bauholz verwendet werden. Der Harzgehalt ist größer als bei anderen Kiefernarten. 5-nadelig.

B Die Weymouthskiefer ist ein Baum des kontinentalen Übergangsklimas. Sie kann in Deutschland in den Niederungen und mittleren Gebirgslagen vorkommen; Höhenlagen über 600 m und stark windgefährdete Standorte kommen nicht in Betracht, da die Krone des Baumes schnee- und windbruchgefährdet ist. In zusagenden Wuchsbezirken und auf geeigneten Böden verträgt sie heiße Sommer. Sie meidet aber Wuchsbezirke mit allgemein geringer relativer Luftfeuchtigkeit und dazu trockenen Böden.
Beachtlich ist die Unempfindlichkeit der Weymouthskiefer gegen Früh- und Spätfroste, so daß sie sogar in ausgesprochenen Kaltluftlagen und Kaltluftlöchern noch gedeiht. Auch verträgt sie mehr Schatten als die Kiefer.
Die Weymouthskiefer bevorzugt frische, tiefgründige Böden (z. B. sandige Lehme). Sie gedeiht auch auf Bruchböden (Kiefern- und Birkenbruchwald).
Innerhalb ihres Wuchsbezirkes gilt sie als sehr anspruchslos, so daß auch trockene Standorte (Buntsandstein und Schiefergebiet) geeignet sind.

C In Weymouthskiefer-Beständen wirken die leicht zersetzlichen Nadeln bodenverbessernd, so daß arme Waldböden, wie z. B. rückgängige Fichtenböden, hierdurch aufgebessert werden können. (Treibholz in stockenden Fichtenkulturen.) In klimatisch ungünstigen Bezirken neigt der Baum zu starker Rohhumusbildung. Die Anpflanzung sollte am vorteilhaftesten einzeln oder horstweise erfolgen, weil der Baum allgemein recht unduldsam gegen andere Holzarten ist. Als Begleitgehölze werden z. B. Buche, Fichte, Kiefer und Birke genannt.
Es muß aber bedacht werden, daß die Gesundheit der Weymouthskiefer durch Wildverbiß und durch den Blasenrost der Weymouthskiefer (*Cronartium ribicola,* die zweite Wirtspflanze sind alle Ribesarten) erheblich beeinträchtigt wird. Auch gegen Raucheinwirkung ist sie sehr empfindlich. Der Baum gilt als Unkrautvernichter.
Die Zapfen reifen im 2. Herbst. Zapfenernte am Baum unmittelbar vor der Reife im September. Der Samen fliegt sonst bald aus. Aussaat sofort oder nach Stratifikation in Sand in der ersten Aprilhälfte. Keimung nach 4–6 Wochen. Keimfähigkeit: 3–5 Jahre.

Pinus strobus

Pseudotsuga taxifolia viridis Ascherson u. Gräbner

(Pseudotsuga douglasi viridis Schwerin —
Pseudotsuga menziesii viridis)

Douglasfichte, Küstendouglasie, Douglastanne, Grüne Douglasie

A Sehr schnellwüchsiger und sehr hoch werdender Nadelbaum. Die Wuchsleistung liegt um etwa 100 % höher als z. B. bei *Picea abies.* Deshalb gilt der Baum als »Nadelholzbaum der Zukunft«.
Der Baum bildet flachstreichende Herzwurzeln. Er ist deshalb sturmgefährdet.
Das Holz ist hochwertig.

C Die Küstendouglasie gedeiht im atlantischen Klimabereich am besten. An den Standort stellt sie deshalb auch den Anspruch einer gewissen Luftbewegung. Ferner bevorzugt sie frische, milde und humose Lehmböden oder sandige Lehmböden mit genügender Tiefgründigkeit. Hier übt sie eine ausgezeichnete biologische Wirkung auf den Boden aus, zumal sie kein Rohhumusbildner ist. Tonböden, magere Sandböden und stagnierende Nässe verursachen schlechten oder Kümmerwuchs.
Der Baum ist in der Jugend spätfrostgefährdet. Er verträgt mäßigen Schatten und ist in seinem natürlichen Wuchsbezirk unempfindlich gegen Sommertrockenheit.

C Die Küstendouglasie ist eines der wichtigsten und anbauwürdigsten Nutzhölzer. In ihrer Gesundheit ist sie leider durch verschiedene Krankheiten — insbesondere Schütte — bedroht. Der Anbaubereich muß stets außerhalb von Überflutungsbereichen liegen. Der Baum ist unduldsam gegen andere Holzarten und empfindlich gegen chronische Einwirkung von Rauchsäuren und Gasen.
Die Küstendouglasie besitzt aber den Vorteil eines selten großen Ausheilungsvermögens, so daß sie Schäden durch Frost, Schnee, Wind oder Wild gut übersteht.
Die Samen reifen im September. Zapfenernte wird unmittelbar vor der Reife Anfang September vorgenommen — rechtzeitig vor dem Aufspringen der Zapfen. Zimmerdarre. Aussaat sofort nach der Ernte im Oktober oder nach Vorkeimung im April. Keimfähigkeit: 3–4 Jahre. Keimdauer: 3 bis Wochen.

Pseudotsuga taxifolia viridis

Taxus baccata Linné

Eibe, Ibe, Taxusbaum, Taxus

A Kleiner bis mittelgroßer, 10–15 m hoher, zweihäusiger Baum mit rundlicher Krone, oft auch strauchartig. Das Gehölz wächst sehr langsam. Das Ausschlagsvermögen ist außerordentlich groß und macht den Baum sehr lebenszäh. Er besitzt keine Harzgänge. Absenkerbildung aus niederliegenden Ästen.
Die Bewurzelung geht sehr tief.
Das Holz ist schwer und hart, zäh und dauerhaft. Es schwindet wenig, fault nicht, leidet nicht unter Wurmstich und zählt als »deutsches Ebenholz« zu den schönsten Schreinerhölzern. Es läßt sich vollkommen schwarz beizen und ist ein begehrter Rohstoff für das Kunstgewerbe und im Instrumentenbau.
Alle Pflanzenteile außer dem Fruchtfleisch sind giftig. In den Alpenländern wird das Fruchtfleisch zu Mus verwendet. Die Nadeln dienen als Droge und wirken in homöopathischen Dosen gegen Magen- und Leberschmerzen, Rheuma, Gicht, Nieren- und Blasenleiden.
In Holz, Rinde, Samen und insbesondere in den Nadeln ist Taxin enthalten, das vor allem auf Säugetiere (Pferde) schädlich wirkt. Das Fruchtfleisch ist aber giftfrei und die Früchte als Vogelnahrung (Amsel, Drossel, Rotkehlchen) beliebt. Der Baum bietet gute Nistgelegenheiten, besonders bei leichtem Schnitt (Winterzufluchtsort). Auch ist die Eibe Bienennährpflanze.

B Die Eibe ist ein Baum des ozeanischen Klimas und des Gebirges (Alpen bis 1300 m, Fränkischer und Schwäbischer Jura). Als das schattenfesteste Gehölz aller Waldbäume gedeiht sie meist im Schutz von Wäldern und erreicht hier ihr günstigstes Wachstum. Allerdings ist sie heute aus den Wäldern verschwunden und nur noch als »Einsiedler« zu entdecken. Bei tiefen Wintertemperaturen und auf ungeschützten Standorten leidet sie sehr, wobei sie in der Jugend besonders empfindlich ist.
An den Boden stellt die Eibe keine speziellen Ansprüche, wenn die genannten klimatischen Bedingungen erfüllt sind. Sie liebt frische bis feuchte, kalkhaltige Böden, auch trockenwarme Kalkhänge sind geeignet. Sandböden sind jedoch ungünstig.

C Die Eibe wird vor allem als Unterholz und in Gruppenpflanzung zu verwenden sein, ferner z. B. als Schutzgehölz gegen Staub. Sie ist unempfindlich gegen chronische Einwirkung von Rauchsäuren und Gasen und leidet nicht unter Wild- und Viehverbiß.
Das Sammeln von wildwachsenden Eibenpflanzen oder Teilen derselben für den Handel oder für gewerbliche Zwecke — auch im Ausnahmefall — ist verboten.
Ernte der Samen (bei Fruchtreife rot) August–Oktober. Ein Jahr feuchte Stratifikation. Aussaat im Herbst oder Frühjahr, wenn die Samen keimen.

Die Keimung erfolgt frühestens im 2. Frühjahr, oft erst 2–3 Jahre nach der Reife. Deshalb Überliegen.

Taxus baccata

Abbildungsnachweis:

Seite 207, 211, 213, 220, 224, 226, 228: HEGI, GUSTAV, 1981: Illustrierte Flora von Mitteleuropa, Band 1, Teil 2, 3. Aufl. Berlin, Hamburg: Paul Parey.

Seite 209: GARCKE, AUGUST, 1972: Illustrierte Flora. 23. Aufl., hrsg. von WEIHE, KONRAD VON. Berlin, Hamburg: Paul Parey.

Seite 214: KRÜSSMANN, GERD, 1979: Die Nadelgehölze. 3. Aufl. Berlin, Hamburg: Paul Parey.

Anhang

Zugehörigkeit von Bäumen und Sträuchern zu natürlichen Pflanzengesellschaften[1] (Erläuterung)

20 Subalpine und alpine Strauch-Gesellschaften
Rhodoreto-Vaccinion, KNAPP S. 58, OBERDORFER S. 389, TÜXEN S. 122
Gebüsche in den höheren Gebirgslagen und an der oberen Waldgrenze. Seltener lichte Wälder mit geringer forstlicher Nutzung. Jedoch Schutzwirkung. In Gebieten mit hohen Niederschlägen am üppigsten entwickelt. Stark sauer, meist mächtiger Rohhumus über kalkreichen Gesteinen (wasserdurchlässiger Dolomit der nördlichen Kalkalpen über 1400 m, Hochlagenwälder der Alpen über der Fichtenstufe, Lärchen- und Arvenwälder). Kalkarme Mergelböden im Allgäu. Windharte Krähenbeerheide auf den höchsten, waldfreien Kuppen der deutschen Mittelgebirge. Nordseitige Felsköpfe der Hochlagen.

21 Liguster-Schlehengebüsch-Gesellschaft
Ligustro-Prunetum (Berberidion), OBERDORFER S. 519, TÜXEN S. 145
Kalk- und wärmeliebende Pioniergesellschaft der Wald- und Wegränder, des Ödlandes usw. in collinen Kalkgebieten Südwestdeutschlands. Zwei Standortformen: Trockenhanggebüsch und frische, beschattete Böden im Muschelkalk- und Lößgebiet.

22 Felsenbirnengebüsch-Gesellschaft
Contoneastro-Amelanchieretum (Berberidion), OBERDORFER S. 522
Südwestdeutsche Dauergesellschaft felsiger Standorte, die warme Kalk- und Dolomitfelsen bei genügendem Feinerdereichtum bevorzugt. Schwarzwald, Jura, Kaiserstuhl, Nahetal. Auch auf Gneis und Porphyr (Schwarzwald, Nahetal).

23 Alpigene und submediterrane Sanddorngebüsch-Gesellschaft
Hippophaë-Salicetum (Berberidion), OBERDORFER S. 518
Süd- und Südwestdeutschland. Alpin: Donaugebiet. Submediterran: Oberrheingebiet. Kalk- und wärmeliebende Pioniergesellschaft der Schotterflächen alpiner Flüsse bis zur Donau und zum südlichen Oberrhein, wenn ohne Überschüttung. Trockene und feuchtere Form.

24 Sanddorngebüsch-Gesellschaft norddeutscher Küsten
Hippophaëto-Salicetum arenariae, TÜXEN S. 124 u. 134
Endstadium alter, weitgehend entkalkter Dünen auf flachen Kuppen und windgeschützteren Lagen der Nord- und Ostseeküste

[1] mit Hinweisen auf die Arbeiten von:

1. KNAPP, R., 1948: Die Pflanzengesellschaften Mitteleuropas Stuttgart: Ulmer.
2. OBERDORFER, E., 1957: Süddeutsche Pflanzengesellschaften. Jena: Fischer.
3. SCAMONI, A., 1954: Waldgesellschaften und Waldstandorte. Berlin: Akademieverlag.
4. TÜXEN, R., 1937: Die Pflanzengesellschaften Nordwestdeutschlands. Hannover: Engelhardt.

25 Subatlantische silikatholde Brombeerhecken-Gesellschaften
Rubion subatlanticum, OBERDORFER S. 523, TÜXEN S. 145
Westdeutschland. An Weg- und Waldrändern auf Böden über Silikatgesteinen. Kalkarme Sand- und Lehmböden (bodensaure Eichen-Hainbuchenwälder, Tieflagen-Buchenwälder). Auch montaner Charakter: auf frischen, mineralkräftigen Lehmböden. Bessere Gneisböden im Schwarzwald (Haselbusch als Folge der Waldverwüstung).

26 Hochmoor-Kiefernwald-Gesellschaft
Betuletum pubescentis galietosum (Birkenbruch), KNAPP S. 60. OBERDORFER S. 384, SCAMONI S. 88, TÜXEN S. 126
Hochmoorstandorte im humiden Klimabereich des norddeutschen Flachlandes und der montanen Gebiete über 600 m bis zum Alpenrand. Nährstoffarme (oligotrophe), nasse oder staunasse, saure, mehr oder weniger mächtige Hochmoortorfböden in Tälern, Vertiefungen, Plateaulagen; Randlagen der offenen Hochmoore. Auch über nährstoff- und sauerstoffarmem Gleyprofil (Molkenböden).

27 Hochmoor-Birkenwald-Gesellschaft
Betuletum pubescentis, KNAPP S. 60, OBERDORFER S. 386, SCAMONI S. 88, TÜXEN S. 126
Ebene, submontane und montane Gebiete. Hochmoorstandorte wie (26), jedoch auf relativ nährstoffreicheren (mesotrophen) Böden = Übergangsmoore. Auch auf mineralischen Naßböden an der Grenze zum Stieleichen-Birkenwald (40). Heute oft Fichtenreinbestände auf entwässerten Hochmooren. In Ostdeutschland kiefernreiches Birkenmoor.

28 Weiden-Faulbaum-Gebüsch-Gesellschaft
Salici-Franguletum, KNAPP S. 61, OBERDORFER S. 394, SCAMONI S. 68, TÜXEN S. 136
Atlantisch, subkontinental. Insbesondere Nord- und Nordwestdeutschland, auch Oberrheintal. Nasse, mehr oder weniger nährstoffreiche Standorte. Mächtige Flachmoortorfe. Initiale Buschgesellschaft als Vorwald zum Erlenwald (29).

29 Schwarzerlenwald-Gesellschaft
Alnetum glutinosae (Erlenbrücher), KNAPP S. 61, OBERDORFER S. 392, SCAMONI S. 68, TÜXEN S. 136
Atlantisch, subkontinental. Endstadium der Verlandung nährstoffreicher Gewässer. Besonders im norddeutschen Flachland, östlich der Elbe in größter Ausdehnung. Seltener in Mittel- und Süddeutschland. Auch »Erlen-Eschenwald« oder »Moorbirken-Erlenwald«. Niederungsmoorböden. Zum Teil überschwemmter, mehr oder weniger mächtiger, saurer Flachmoortorf (nährstoffreicher Gley). Moorgley (Quellmoore). Oft Raseneinstein. Atlantisch: nährstoff- und sauerstoffärmeres Bruch. Nasse bis feuchte, humose Sandböden oder staunasse Talmulden und Vermoorungen, z. B. Pfälzer Buntsandsteinhardt. Subkontinental: nährstoff- und sauerstoffreiches Bruch. Abzuglose, nasse bis feuchte, torfige Senken über Gesteinsunterlagen. Heute durch Kulturmaßnahmen meist Wiesen und Weiden.

30 Weiden-Auenwald-Gesellschaften
Salicion (Weichholzauen), Knapp S. 70, Oberdorfer S. 397, Scamoni S. 98, Tüxen S. 135
Wald oder Gebüsch. Bach-, Fluß- und strombegleitender Auenwald, dem Hochwasser am meisten ausgesetzt, also regelmäßig überflutet. Nord- und Süddeutschland. Auch Pioniergesellschaft, dann artenärmer. An ungebändigten Flüssen noch erhalten. Nasse, kalkhaltige Schwemmböden (Rohauböden). Nährstoffreiche, schwere Lehmböden. Oft grobsandig und kalkreich.

31 Bacheschenwald-Gesellschaft
Carici remotae-Fraxinetum, Knapp S. 69, Oberdorfer S. 410, Scamoni S. 85, Tüxen, S. 149
Wälder an Bächen und Quellhorizonten in der Ebene, im Hügel- und Bergland. Feuchtigkeitsgesättigte Ufer von Bächen mit kalkführendem, bewegtem oder raschfließendem, sauerstoffreichem Wasser. Moränen- und Schottergebiet. Oberrheinische Silikatböden, süddeutsche Kalkstandorte. Nährstoffreicher Gley. Wasserdurchtränkte Anschwemmungsböden, periodisch überschwemmt.

32 Grauerlen-Auenwald-Gesellschaft
Alnetum incanae, Knapp S. 70, Oberdorfer S. 399, Tüxen S. 151
Boreal, montan. Wasserzüge oder nasse, nährstoffreiche Standorte in schmalen Fluß- und Buchauen bei gelegentlicher Überschwemmung. Z. B. Fagion-Stufe des Harzes. Alpen- und Alpenvorland im Bereich der rechtsseitigen Donauzuflüsse. Ufergesellschaft der Auenböden: Junge Sand-, Kies- oder Schotterböden über kalk- oder basenreichen Grundgesteinen.

33 Erlen-Eschen-Auenwald-Gesellschaft
Alno-Macrophorbietum (Pappel-Aue), Knapp S. 70, Oberdorfer S. 405, Scamoni S. 98, Tüxen S. 135
Ebene, montan. Ganz Deutschland mit Alpenvorland. Boreale Versumpfungsgebiete in den Überschwemmungsbereichen der Ströme und Flüsse, jedoch weniger dem Hochwasser ausgesetzt. Typischer, raschwüchsiger, hoher Auenwald hinter dem Gürtel der Weidenaue (30) mit Übergängen zu den eigentlichen Erlenwäldern (29). Auenböden. Meist kalkarme, aber basenreiche, humose Böden mit Tongehalt. Nährstoffreicher Gley. Zeitweise hochanstehendes Grundwasser oder gestautes Überflutungswasser.

34 Stieleichen-Ulmen-Auenwald-Gesellschaft
Fraxino-Ulmetum (Hartholzauen), Knapp S. 70, Oberdorfer S. 412, Scamoni S. 98, Tüxen S. 164
Nur tiefere Lagen. Obere Schwemmbodenstufe der Ströme und Flüsse hinter dem Weiden- und Pappel-Auenwaldgürtel. Nur noch gelegentliche oder gar keine Überschwemmungen. »Hainbuchen-Auenwald.« Auenlehme, Auentone auf Sand oder Kies mit der Entwicklung zum braunen Auenboden (Vega). Kalk- und nährstoffreich. Kalkreiches, alkalisches Grundwasser.

35 Submediterrane Eichen-Elsbeerenwald-Gesellschaft
Lithospermo-, Buxo- und Acero (monspessul.)-Quercetum, KNAPP S. 64, OBERDORFER S. 534
Collin und montan. Meist Gebüsche oder Niederwald, wenig üppige Wälder. Südwestdeutschland. Standorte: Flachgründig-steinige Böden. Trokkene, warme bis heiße, felsige Süd-Südwesthänge auf Kalk im Jura- und Muschelkalkgebiet, z. B. des Oberrheinischen Hügellandes und des Hochrheines. Auch auf kalkarmem, aber basenreichem Untergrund, z. B. im Donnersberg-Nahe-Gebiet bis zur unteren Mosel und Mittelrhein. Auch in Baden und Württemberg. Landschaftsbeherrschend linksrheinisch im Trokkengebiet des Oberelsaß.

36 Subkontinentale Kiefern-Eichenmischwald-Gesellschaft
Dictamno-Sorbetum, KNAPP S. 62, OBERDORFER S. 528, TÜXEN S. 138
Collin und montan. Mittler zwischen den kontinentalen Kiefern-Steppenwäldern (Dicrano-Pinetum) und den submediterranen Eichen-Elsbeerwäldern (35). Östliche Teile Süddeutschlands. Warme, trockene, flachgründige Hänge und Plateaus mit mildhumosen Kalkverwitterungsböden im Jura- und Muschelkalkgebiet. Steile Süd- und Südwesthänge. Halbschatten der Lößabbrüche. Tertiäre Mergel des Mainzer Trockengebietes. In sommerwarmen Gebieten auch auf schwachsauren, kalkarmen, aber mineralkräftigen Mergelböden (wechseltrocken, tonig).

37 Trockene Eichen-Hainbuchenwald-Gesellschaften
Querco-Carpinetum medioeuropaeum (typicum, primuletosum, luzuletosum), KNAPP S. 68, OBERDORFER S. 419, SCAMONI S. 104, TÜXEN S. 153
Ebenen, mittlere Lagen des Hügel- und Berglandes. Oft nur Mittel- oder Niederwald. Je nach den Bodenverhältnissen artenärmer oder artenreicher. In Nordwest- und Westdeutschland reicher an säureliebenden Arten. Standort: Vorwiegend basische, aber auch schwach saure Böden. Relativ frische, mineralkräftige Quarzitböden mit nährstoffreichem Grundwasser. Sandige Überlagerungen des Jura. Sonnenseitige Hänge des Urgebirges in tieferen Lagen. Auch nährstoffärmere, meist trockene Böden des Buntsandsteins. Basalt-Verwitterungsböden. Warm-trockene Gebiete auf Muschelkalk, Keuper (Lettenkohle) und im Jura. Trockene Lößböden, Löß über Buntsandstein. Kalksteinböden in mittleren Lagen des Berg- und Hügellandes.

38 Feuchte und nasse Eichen-Hainbuchenwald-Gesellschaften
Querco-Carpinetum medioeuropaeum (stachyetosum, asperuletosum, corydaletosum), KNAPP S. 68, OBERDORFER S. 419, SCAMONI S. 100, TÜXEN S. 160
Ebenen, die zuweilen überschwemmt sein können. Luftfeuchte Lagen im Bereich des Hügellandes. Kalkgehalt des Grundwassers ist ausschlaggebend. Sonst weitgehend von den Bodenarten unabhängig. Grundwassernahe, nährstoffreiche, frische bis feuchte, tonig-lehmige Böden werden aber bevorzugt. Staunasse Lehmstandorte und schwach saure Lehmböden. Tone in Muschelkalkgebiet, im Lettenkohlenkeuper und im Jura. Feuchte Talgründe, Hangfüße von Steilhängen im Jura. Feuchte Mulden

des tertiären Hügellandes. Tertiäre Sande mit reichem Wasseraustritt. Nord- und ostgeneigte Kalkhügel mit Lößdecken. Degradierte Schwarzerden. Wichtigste natürliche Gesellschaften für die menschliche Siedlung.

39 Traubeneichen(Birken)wald-Gesellschaft

Querco petraeae-Betuletum, KNAPP S. 60, OBERDORFER S. 351, SCAMONI S. 131, TÜXEN S. 129

Subatlantisch, subkontinental. Ebenen, collin, submontan. In denMittelgebirgen unterhalb der Fagionstufe. Säureliebende Silikatgesellschaft. Sandsteinberge des Hügellandes und der Mittelgebirge, z. B. Harz, Deister, Solling, Osnabrücker Hügelland, Oberrheingebiet, Schwarzwald, Pfalz, Odenwald bis etwa 600 m, auf Gneis, Granit, Porphyr. Heute oft Fichten-Reinbestände, artenarme Kiefern-Eichenwälder Ostbayerns. Tonarme Quarzitböden, jedoch nährstoffreich, z. B. Moränennähe in Norddeutschland. Tiefgründige Sande über Lehm. Podsolige Braunerden. Auf Sand (Sandstein) mit Staunässe in Mulden und tonigen Hanglagen. Hier oft Kiefern-Reinbestände. Auch extrem-flachgründige, relativ trockene und bodensaure Silikat-Standorte; dann artenärmer. Im allgemeinen mehr oder weniger alkalische Bodenreaktion.

40 Stieleichen-Birkenwald-Gesellschaft

Querco roboris-Betuletum, KNAPP S. 60, OBERDORFER S. 354, SCAMONI S. 92, TÜXEN S. 128

Atlantisch, subatlantische Gesellschaft. Ebenen, collin, submontan. Östlichste Standorte: Östliche Randgebiete des Oberrheins, Weserbergland, Gebiete des nördlichen diluvialen Flachlandes.

Trockene Gruppe (typicum): auf tiefgründigen, quarzitischen Sandböden. Basenarm und grundwasserfern. Als Hochwald selten, meist Niederwald. Oft zum Calluno-Genistion (17) degradiert. Heute meist Kiefern-Reinbestände. Anschluß zum Kiefern-Mischwald, z. B. Keupersandstein des Nekkargebietes, nördliche Oberrheinebene.

Feuchte Gruppe (molinietosum): auf nährstoff- und basenarmen, sehr sauren Böden mit hohem Grundwasserstand. Zuweilen nur staufeucht. Anschluß zum Erlenbruch oder Birkenmoor. Heute meist Kiefer und Fichte in Reinbeständen.

41 Silikat-Buchenwald-Gesellschaften

Luzula-Fagion (Kalkarme Fageten), KNAPP S. 66, OBERDORFER S. 444, TÜXEN S. 142

Boreo-atlantisch, subkontinentale Gesellschaft. Submontan, montan. Kalkarme Lehm- und Sandsteinböden, schwach sauer bis sauer. Tiefgründig. Entkalkter, basenreicher Lößlehm. Mittelgründige oder leicht podsolierte grundfeuchte Braunerden. Sickerwasserhänge der Mulden oder schattiger Lagen. Auf reicherem Basaltgestein auch trockenere saure Srandorte unter extremer Exposition. Feuchte, steile bis mäßig geneigte Nordwest-, West-, Nordost- oder Osthänge des Berglandes, z. B. Weserbergland, Solling, Deister, Rhön, Taunus, Nördliches Oberrheingebiet, Rhein-Neckar-Hügelland, Schwarzwald, Schwäbische Alb, Frankenwald, Bayerischer Wald. Jungmoränen im Norden.

42 Kalk-Buchenwald-Gesellschaften

Eu-Fagion, KNAPP S. 66, OBERDORFER S. 450, TÜXEN S. 140

Boreo-atlantische, subkontinentale Gesellschaften. Submontan, montan, alpin. Basenreiche Standorte mit zwei Typen: Feuchte, kühle, schattige Nord- und Osthänge. Trockene, warme, sonnige Süd- und Westhänge. Mäßig frische bis frische, basenreiche Lehm- und Tonböden (Muschelkalk, Rötton, Molasse, Basalt u. a. m.). Wechseltrockene Mergelböden, Lößböden. Ferner Kalkverwitterungsböden: Kalkbraunerden, braune Rendzinen der Jura- und Kreidekalke. Vorkommen in allen mittel- und süddeutschen Gebirgslagen mit entsprechenden Böden bzw. Gesteinen einschließlich Alpenvorland und bayrische Kalkalpen.

43 Bergahornreiche Schlucht- und Hochstaudenwald-Gesellschaften

Acerion (Eschen-Ahorn-Schluchtwald-Gesellschaften), KNAPP S. 68, OBERDORFER S. 477, TÜXEN S. 146

Submontane, montane, subalpine Gesellschaften auf frischen, nährstoff- und basenreichen Böden und Kalkstandorten in stark luftfeuchten Klimabezirken und Hanglagen. Wälder mit gutem bis sehr gutem Wuchs. Tonige Böden in sickernassen Mulden, Übergänge zum Bacheschenwald (31), z. B. brauner Jura am Fuß der Schwäbischen Alb 500–600 m. Feuchte, kühle, schattige Berghänge in der Buchenstufe, Kalkschutthalden. Nährstoffreicher Gneis und unterer Buntsandstein. Schluchten beschatteter Blockschuttböden in 800–1000 m, z. B. Böhmerwald, bayerische Kalkalpen. Subalpiner Hochstaudenwald in den Mittelgebirgen über 1000 m und in den Alpen über 1200 m.

44 Kontinentale Kiefernwald-Gesellschaft

Dicrano-Pinetum (Pinion), KNAPP S. 56, OBERDORFER S. 361

Natürliche Kiefern- oder Eichen-Kiefernmischwald-Gesellschaft, Kiefernsteppenwald Osteuropas. Im Norden und Osten Deutschlands, hauptsächlich östlich der Elbe, mit Relikten in Westdeutschland, z. B. Trockengebiete am mittleren Main, um Nürnberg, Dünen im Nördlichen Oberrheingebiet. Diluviale Quarzsande, mehr oder weniger nährstoffarm. Auch saure Sande mit höher anstehendem Grundwasser oder Staunässe. Entbaste bzw. entkalkte, im Unterboden aber kalkreiche Sandböden oder Triaskalkböden (basenreiche Moderböden).

Standorte zwischen sehr nährstoffarmen Quarzsanden (z. B. Binnendünen), stark podsolierten Böden mit geringem Nährstoffgehalt und solchen mit mittlerer bis mäßiger Podsolierung und entsprechend schwankendem Nährstoffgehalt (z. B. Lehm in erreichbarer Tiefe). Die Anzahl der vorkommenden Gehölze kann je nach Bodengüte deshalb sehr gering sein oder den größten Teil der Arten einschließen.

45 Steppenheide-Kiefernwald-Gesellschaft

Pino-Cytisetum, OBERDORFER S. 364

Montane Pioniergesellschaft mit ausgesprochenem Schutzwaldcharakter. Deshalb nur leistungsschwache Kiefern-Krüppelbestände. 300–900 m. Auf extrem trockenen und flachgründigen sowie humosen und basenreichen

Standorten, z. B. flachgründigen Plateaus, sonnseitigen Hängen und Felsen (Fränkischer Jura, Schwäbische Alb, Baar, Hochrhein, Thüringisches Schiefergebirge, Dolomiten). Ferner steile Mergelhänge über wechselfeuchten und kalkhaltigen, schweren Tonböden im Jura und in den nördlichen Kalkalpen.

46 Schneeheide-Kiefernwald-Gesellschaft

Pino-Ericetum (Zwergbux-Kiefernwald), Knapp S. 56, Oberdorfer S. 371
Hochmontane Gesellschaft. Alpenvorland, Alpentäler nicht über 1400 m, z. B. auch Hochlagen im Fichtel- und Erzgebirge, Sudeten, Ostbayern. Die Gesellschaft steigt in den Kalkalpen mit den Flüssen herab und besiedelt hier trockene, kalkhaltige, oberflächlich humose Flußschotter und Terrassen (Oberrhein, schwäbisch-bayerische Hochebene), die nicht mehr von Überschwemmungen berührt werden. Ferner auf trockenen Kalk- und Dolomithängen, sehr trockenen, flachgründigen, südgeneigten Felshängen und armen, trockenen Sanden. Auch mäßig saure, humose Silikatböden. Sowohl sehr schlechte als auch sehr gute Wuchsleistungen, zum Teil ausgedehnte Kiefernwälder. Mit zunehmender Höhe weitgehende Artenverarmung bis zum Schneeheide-Knieholz über 1400 m (20).

47 Fichtenwald-Gesellschaft

Picetum excelsae, Knapp S. 59, Oberdorfer S. 377, Tüxen S. 123
Kontinental-boreale Gesellschaft. Montan, subalpin. Gesellschaft der höheren Buntsandstein- und Granitgebirge von den Westalpen, Schwarzwald, Thüringer Wald und Harz an ostwärts. Oberharz, Sudeten, Erzgebirge über 600 m. Schwarzwald über 900 m. In Ost-Westrichtung zunehmende Artenverarmung. In den Alpen höchste geschlossene Wälder. Meist mächtiger Rohhumus auf trockenen, frischen oder moorig-feuchten Standorten in ebenen bis schwach geneigten Lagen. Sowohl Nord- und Ostexposition (kühl, feucht, schneereich) als auch Süd- und Westexposition (wärmer, trockener, schneeärmer). Basenarme, rohhumusreiche Podsolböden an Moorrändern, auf Blockschutthalden. Basenreiche Braunerden mit modriger Humusauflage. Örtlich in Kaltluftgebieten und Kalkluftsenken.

48 Tannenmischwald-Gesellschaften

Abieto-Piceion, Oberdorfer S. 507
Subatlantisch und boreo-kontinental. Montaner Bereich in Süddeutschland. Artenreiche und artenarme Assoziationsgruppen:
Artenreich: Auf basenreichen, tiefgründigen Braunerden mit modriger Humusauflage. In Mulden, an schattigen Hängen und Hangfußlagen, auf ebenen Muschelkalk- und Keuperhochflächen. Auf Granit- und Gneisböden der Osthänge des Schwarzwaldes. In Höhen um 900–1200 m der nördlichen Kalkalpen. Auf dem Diluvium der bayerischen Hochebene 400–600 m.
Artenarm: Besonders auf basenarmen, frischen Silikatböden, Braunerden und podsoligen Braunerden, z. B. Vogtland und Fichtelgebirge 500–700 m. Mittelgebirge ab 700 m aufwärts. Zentraler Schwarzwald, Frankenwald.

Zugehörigkeit von Bäumen und Sträuchern zu natürlichen Pflanzengesellschaften (Übersicht)

Gesellschaften

v[1]	Gehölzarten	20	21	22	23	24	25	26	27	28	29	30	31	32
3	Acer campestre		●	●	●		●							
3	Acer platanoides										●		●	●
3	Acer pseudoplatanus			●			●				●		●	●
1	Alnus glutinosa						●		●	●	●	●	●	●
6	Alnus incana											●	●	●
3	Berberis vulgaris	●												
4	Amelanchier ovalis		●	●										
6	Betula pendula					●	●		●	●	●			
1	Betula pubescens					●		●	●	●	●			
3	Carpinus betulus						●				●		●	
3	Castanea sativa													
4	Cornus mas													
4	Cornus sanguinea		●	●	●		●				●	●		●
3	Corylus avellana		●	●	●		●			●			●	●
4	Cotoneaster integer.		●	●										
3	Crataegus monogyna		●	●	●		●				●			●
3	Crataegus oxyac.		●	●										
6	Cytisus scoparius		●	●										
3	Euonymus europaea		●	●	●		●				●		●	●
8	Fagus sylvatica						●						●	●
1	Fraxinus excelsior		●	●			●				●	●	●	●
2	Ligustrum vulgare		●	●	●		●						●	●
6	Hippophae rham.				●	●								
3	Lonicera xylosteum		●	●	●		●						●	●
3	Lonicera pericl.						●				●		●	
3	Malus silvestris		●	●			●							
3	Pirus communis													
1	Populus alba													
3	Populus canescens													

[1] v: Verwendung (Erläuterung s. S. 246)
[2] △ 4,1–5,2 (sauer); ○ 5,3–7,4 (schwach sauer-neutral); □ > 7,4 (alkalisch)

33	34	35	36	37	38	39	40	41	42	43	44	45	46	47	48	pH-Werte[2]		
●	●	●	●	●	●	●		●	●	●							○	
●	●			●	●			●	●	●		●					○	
●	●			●	●			●	●	●		●		●	●		○	
●	●				●					●		●	●	●		△	○	
●	●													●			○	□
																	○	
		●				●						●					○	□
●	●		●	●	●	●	●	●	●	●	●					△	○	
			●						●	●				●		△	○	
●	●		●	●	●	●	●	●	●	●						△	○	□
				●	●	●	●	●								△	○	
	●	●	●														○	□
●	●	●	●	●	●	●		●	●	●	●	●					○	□
●	●	●	●	●	●	●	●	●	●	●		●			●		○	□
	●	●										●	●				○	□
	●	●	●	●	●	●	●	●	●		●	●	●		●		○	□
●								●	●	●								
●								●	●	●						△	○	
●	●		●	●	●				●	●							○	□
	●	●	●	●	●	●	●	●	●	●	●	●		●	●	△	○	□
●	●	●	●	●	●			●	●	●		●			●	△	○	□
●	●	●	●	●	●	●			●	●	●	●	●			△	○	□
												●	●				○	□
	●	●	●	●	●	●						●	●		●		○	□
●				●	●	●	●	●								△	○	
	●	●	●			●											○	□
	●		●			●						●	●				○	□
●	●												●				○	□
	●															△	○	□

Gesellschaften

v[1]	Gehölzarten	20	21	22	23	24	25	26	27	28	29	30	31	32
3	Populus tremula		●	●			●		●		●			
1	Populus nigra				●									●
3	Prunus avium		●		●		●						●	
4	Prunus mahaleb			●										
1	Prunus padus								●		●	●	●	●
3	Prunus spinosa		●	●	●		●							
3	Quercus petraea		●				●							
4	Quercus pubescens		●											
3	Quercus robur				●		●		●	●	●		●	●
3	Ilex aquifolia						●		●					
3	Rhamnus cathartica		●	●	●		●				●			●
3	Rhamnus frangula						●	●	●	●	●		●	●
3	Ribes alpinum		●	●										●
3	Ribes grossularia													
1	Ribes nigrum										●	●		
4	Robinia pseudacacia													
4	Rosa canina		●	●	●	●	●							
4	Rosa spinosissima					●								
6	Rubus fruticosus						●		●		●			
3	Rubus idaeus		●				●				●		●	●
1	Salix alba										●	●		●
1	Salix triandra									●	●	●		
1	Salix viminalis									●	●	●		
6	Salix purpurea				●						●	●		●
1	Salix fragilis										●	●		●
3	Salix caprea						●							
1	Salix cinerea					●		●	●	●	●	●	●	
1	Salix aurita					●		●	●	●	●			
3	Salix nigricans													●

33	34	35	36	37	38	39	40	41	42	43	44	45	46	47	48	pH-Werte[2]		
●	●	●	●	●		●	●		●		●	●				△	○	□
●	●																○	□
●	●	●	●	●	●	●		●	●	●							○	□
		●	●														○	□
●	●			●	●					●						△	○	□
●	●	●	●	●	●	●			●		●	●				△		
		●	●	●	●	●	●	●	●	●	●	●				△	○	
		●	●									●					○	□
●	●	●	●	●	●	●	●	●	●		●	●	●		●	△	○	
				●	●	●	●	●	●			●		●	●	△	○	
		●	●	●		●			●			●			●	△	○	
●	●	●	●	●	●	●	●	●	●		●	●	●		●	△	○	□
		●	●			●			●	●					●	△	○	
	●				●	●			●	●						△	○	□
					●											△	○	
	●				●											△	○	
	●	●	●			●											○	□
		●														△	○	□
●				●	●	●	●	●	●	●	●				●	△	○	□
●	●			●	●	●	●	●	●	●				●	●	△	○	□
●	●															△	○	
																△	○	
																△	○	□
																△	○	□
																△	○	
				●	●			●		●		●				△	○	
				●	●			●		●			●			△	○	
●							●									△		
																△	○	□

		Gesellschaften												
v[1]	Gehölzarten	20	21	22	23	24	25	26	27	28	29	30	31	32
1	Salix pentandra											●		
4	Salix repens					●			●					
6	Salix daphnoides											●		
1	Salix incana				●							●	●	●
3	Sambucus nigra		●				●				●	●		●
3	Sambucus racemosa													
2	Sorbus aria		●	●	●		●							
2	Sorbus aucuparia		●				●	●	●		●			●
3	Sorbus domestica													
3	Sorbus torminalis													
2	Tilia cordata						●							●
3	Tilia platyphyllos						●							
1	Ulumus carpinifolia										●	●	●	●
3	Ulmus montana												●	●
1	Ulmus laevis										●			
4	Viburnum lantana		●		●									●
3	Viburnum opulus		●		●		●				●	●	●	●
9	Abies alba						●							
9	Picea abies	●			●			●	●				●	●
9	Larix decidua	●												
9	Pinus cembra	●												
9	Pinus mugo	●						●	●					
9	Pinus nigra													
9	Pinus silvestris	●			●				●		●			
3	Taxus baccata													
3	Juniperus communis		●	●	●			●	●					

33	34	35	36	37	38	39	40	41	42	43	44	45	46	47	48	pH-Werte[2]		
																△	○	□
																△	○	
																△	○	
													●			△	○	□
●	●			●	●			●	●	●						△	○	□
●				●	●		●	●	●	●					●	△	○	
		●	●	●		●			●	●	●	●	●	●	●		○	□
●				●	●	●	●	●	●	●	●	●	●	●	●	△	○	□
		●	●	●												△	○	□
		●	●	●	●	●		●		●		●	●				○	□
	●	●	●	●	●	●	●		●	●						△	○	
					●			●	●	●						△	○	
	●	●		●		●											○	□
	●				●			●	●	●						△	○	□
●	●				●											△	○	
●	●	●	●	●	●	●			●			●	●		●	△	○	□
●	●			●	●			●	●	●						△	○	
●					●			●	●	●				●	●		○	
●								●	●	●			●	●	●	△	○	
								●					●	●		△	○	
																△	○	□
																△	○	□
													●				○	□
●	●	●	●	●		●	●		●		●		●	●	●	△	○	□
		●						●	●	●					●		○	□
		●	●			●	●				●		●	●		△	○	

Gehölzverwendung nach Kategorien landschaftlicher Objekte (Beispiele)*

1 *Gewässerbereiche:* Bäche, Flüsse, Seen, Weiher, Teiche, Gräben, Kanäle – als „Randgrün“ außerhalb der Ufer.

2 *Verkehrsbereiche:* Autobahnen, Landstraßen, Feldwege, Wanderwege, Triften, Parkplätze – als „Begleitgrün“ auf Seitenraumflächen.

3 *Ebenes bis hügeliges Gelände mit geringem Relief:* Durchgrünung mit freiwachsenden Hecken, Gebüschen und Naturwaldzellen („Remisen“), auch Einzelbäumen und Baumgruppen.

4 *Steilhänge und Böschungen* von hohen Dämmen oder tiefen Einschnitten und sonstige nährstoffarme, meist trockene oder saure Örtlichkeiten, z. B. „Heiden“, Dünen usw.

5 *Ingenieurbiologische Bepflanzungs- und Sicherungsmaßnahmen:* „biotechnischer Pflanzenbau“ – „Lebendverbauung“.

6 *Lockere Rohbodensubstrate:* Sand, Kies, Schotter, Felsschutt, z. B. auf Halden und Kippen, in Aufschüttungen oder Aufspülungen.

7 *Dichte Rohbodensubstrate,* porenarm aber mineralkräftig: Lehm, Ton, Klei; nach Tieflockerung: Bepflanzung nach Ziffer 5 und 8.

8 *Holzzucht außerhalb der Wälder und Forsten* (erwünscht!): als Einzelbaum, Baumgruppe oder Baumkulisse auf hierzu besonders geeigneten Standorten.

9 Nur für *forstwirtschaftliche Flächen* geeignet. In freier Landschaft unerwünscht.

10 Nur für *urbane Bereiche* geeignet. In freier Landschaft unerwünscht.

* Vgl. Tabelle Seite 240–245.

Qualitätsbezeichnungen von Baumschulgehölzen

1. Junggehölze:

1/0	1jährige Sämlinge
2/0	2jährige Sämlinge
3/0	3jährige Sämlinge
1/1	2jährig verpflanzte Sämlinge
1/2 2/1	3jährig verpflanzte Sämlinge
1/3 2/2	4jährig verpflanzte Sämlinge
1/4 2/3	5jährig verpflanzte Sämlinge
1/2/2 2/1/2	5jährig zweimal verpflanzte Sämlinge
1 × 0	1jährig krautartig pikierte Sämlinge
2 × 0	2jährig krautartig pikierte Sämlinge
1 × 1	1jährig pikiert und dann verpflanzt
0/1/0	1jährige bewurzelte Stecklinge
0/2/0	2jährige Stecklinge
0/1/1	2jährig verpflanzte Stecklinge
0/1/2 0/2/1	3jährig verpflanzte Stecklinge
0/1/3 0/2/2	4jährig verpflanzte Stecklinge
0/2/3	5jährig verpflanzte Stecklinge
0/1/2/2 0/2/1/2	5jährig zweimal verpflanzte Stecklinge
× /1/0	1jährige Veredlungen und Handveredlungen
× /1/1	2jährig verpflanzte Veredlungen
– 1/0	1jährige Abrisse, Ableger oder Ausläufer
– 1/1	2jährig verpflanzte Abrisse, Ableger oder Ausläufer

2. Übrige Baumschulgehölze:

B	Busch oder buschige Ware, Höhenangabe in cm
h	Heister, d. h. mehrmals verpflanzte, baumartige und natürlich beastete Gehölze ohne Kronenbildung. Höhenangabe in cm
H	Hochstamm (Alleebaum) mit Angabe des Stammumfangs, gemessen in cm und 1 m über dem Erdboden
m. B.	Pflanze mit Ballen
m. Tb.	Pflanze mit Topfballen
Tr.	Anzahl der Triebe

3. **Handelsübliche Pflanzgutgrößen** (Beispiele):

a) Laubgehölze

Sträucher	1/0	2/0	1/2 2/1	B
	5–10	10–20	25– 50	40– 60
		20–40	50– 80	60–100
			80–120	100–150

Bäume	1/0	2/0	1/1	1/2 2/1	h	H
	10–20	30–50	15–30	30– 50	80–100	8–10
	20–40	50–80	30–50	50– 80	100–125	10–12
			50–80	80–100		12–14

b) Nadelgehölze	2/0	2/1	2/2		m. B.	
	7–20	15–35	20–40	30–60	40–60	80–100
	10–25	20–40	25–30		60–80	100–125

Alphabetisches Register

nach botanischen Gattungsnamen

Laubgehölze

Nadelgehölze

Systematische Übersicht nach Gattung und Familie der im Buch behandelten Gehölze

Abt. I Magnoliophytina (bisher: Angiospermen) Decksamer.
Klasse A Magnoliatae (bisher: Dicotyledoneae) Zweikeimblättrige Decksamer.
Klasse B Liliatae (bisher: Monocotyledoneae) Einkeimblättrige Decksamer (bei uns keine Vertreter unter den Gehölzen).
Abt. II Coniferophytina (bisher: Gymnospermen) Nacktsamer.
Klasse A Gingkoatae (bei uns nicht heimisch).
Klasse B Pinatae.

Klasse Magnoliatae

Allgemeine Beziehungen von Baum und Strauch zum Boden[1]

Profil-Nr.	Urgestein	Boden	pH-Wert	Sign.
6	Gipsgestein	Moderrendzina		△
14	Grauwacke und Schiefer	Braunerde-Ranker	< 4,1	△
36	Löß	Pseudogley		△
40	Löß	Podsol-Pseudogley		△
41	Buntsandstein-Fließerde	Pseudogley		△
42	Buntsandstein-Fließerde	Pseudogley		△
43	Lößlehm	Molkenboden		△
54	Flußaufschüttung	Naßgley		△
60	Torf	Hochmoor		△
15	Schiefer	Braunerde	4,1–	△
18	Schieferton	Braunerde	4,5	
26	Sandstein	Podsol-Braunerde		△
28	Sandlöß	Podsol-Braunerde		△
29	Sandstein	Braunerde-Podsol		△
30	Dünensand	Podsol-Ranker		△
31	Flugsand	Eisenhumuspodsol		△
32	Gehängeschutt, Sandstein	Eisenpodsol		△
33	Flugsand	Gleypodsol		△
34	Geschiebemergel	Pseudogley-Humuseisenpodsol		△
38	Geschiebemergel	Pseudogley		△
45	Sand	Plaggenesch		△
46	Sand	Plaggenesch		△
52	Flugsand	Podsolgley		△
16	Biotitgranit	Braunerde	4,6–	△
24	Löß	Pseudogley-Braunerde	5,2	
25	Geschiebesand,	Podsol-Braunerde		△
39	Geschiebemergel	Braunerde-Pseudogley		△
59	Torf	Niedermoor		△
2	Klüftiger Kalkstein	Mullrendzina	5,3–	○
17	Trachyttuff	Braunerde	6,4	
27	Würmlöß	Braunerde		○
44	Basalt	Roterde		
49	Hochflutbildung	Toniger Auenboden		
51	Lehmige Hochflutbildung	Gley		○
58	Seeschlick	Knickmarsch		○

Allgemeine Beziehungen von Baum und Strauch zum Boden[1]

Profil-Nr.	Urgestein	Boden	pH-Wert	Sign.
3	Dolomitischer Kalk	Mullrendzina	6,5–	○
5	Klüftiger Mergel	Mullrendzina	7,4	○
8	Mergeliger Kalkstein	Braunlehm		○
10	Würmlöß	Schwarzerde		○
11	Würmlöß	Pseudogley-Schwarzerde		○
12	Geschiebemergel	schwarzerdeähnlich		○
13	Auenlehm	Humusarme Braunerde		○
19	Würmlöß	Braunerde		○
20	Geschiebemergel	Braunerde		○
21	Geschiebemergel	Braunerde		○
22	Würmlöß	Kalkbraunerde		○
23	Klüftiger Kalkstein	Rendzina-Braunerde		○
35	Tonmergel	Lettenboden		○
37	Tonmergel	Pseudogley		○
48	Hochflutlehm	Kalkauenböden		○
50	Schwemmlöß	Schwarzerde-Auenboden		○
56	Seeschlick	Jungmarsch		○
57	Seeschlick	Altmarsch		○
4	Weicher Sinterkalk	Mullrendzina	>7,4	□
9	Gerölle aus Kalkstein	Rendzina		□
47	Kalkgestein	Auenboden		□
53	Lößlehm	Gley		□

[1] Unter Anwendung der Bodenprofile aus: „E. Mückenhausen, Die wichtigsten Böden der Deutschen Bundesrepublik"

Literaturverzeichnis

AMANN, G., 1956: Bäume und Sträucher des Waldes. Melsungen: Neumann-Neudamm.

BUCHWALD & ENGELHARDT, 1968: Handbuch für Landschaftspflege und Naturschutz, Bd. 1, 2, 3, 4. München, Basel, Wien: Bayerischer Landwirtschaftsverlag.

BUCHWALD & ENGELHARD, 1973: Landschaftspflege und Naturschutz in der Praxis. München, Bern, Wien: BLV Verlagsgesellschaft.

DARMER, G., 1952: Der Sanddorn als Wild- und Kulturpflanze. Leipzig: Hirzel.

DENGLER, A., 1930: Waldbau auf ökologischer Grundlage. Berlin: Springer.

ELLENBERG, H., 1978: Vegetation Mitteleuropas mit den Alpen, in ökologischer Sicht. Stuttgart: Ulmer.

FITSCHEN, J., 1977: Gehölzflora, 6. Aufl. Heidelberg: Quelle u. Meyer.

FRIEMER, W., 1975: Grün ist Trumpf. Koblenz: Selbstverlag.

GAYER, J., 1954: Die Holzarten und ihre Verwendung in der Technik. Leipzig: Fachbuchverlag.

GÖHRE, K., 1952: Die Robinie und ihr Holz. Berlin: Bauernverlag.

GÖRITZ, H., 1957: Laubgehölze für Garten und Landschaft. Berlin: Deutscher Bauernverlag.

GÜNTHER, H., 1956: Leitfaden für den Pappelanbau. Berlin: Deutscher Bauernverlag.

HARZ, K., 1950: Unsere Laubbäume und Sträucher im Winter. Leipzig: Akademische Verlagsgesellschaft.

HARZ, K., 1952: Unsere Laubbäume und Sträucher im Sommer. Leipzig: Akademische Verlagsgesellschaft.

HESMER, H., 1951: Das Pappelbuch. Bonn: Verlag des deutschen Pappelvereins.

HEUSON, R., 1946: Biologischer Wasserbau und Wasserschutz. Berlin: Siebeneicher.

HUECK, K., 1935/36: Pflanzengeographie Deutschlands. Berlin: Bermühler Verlag.

ILLNER, K., & GANDERT, K., 1956: Windschutzhecken. Berlin: Deutscher Bauernverlag.

JOACHIM, H. FR., 1953: Untersuchungen über die Wurzelausbildung der Pappel und die Standortsansprüche von Pappelsorten. Berlin: Verlag der deutschen Akademie der Landwirtschaftswissenschaften.

KIRWALD, E., 1950: Lebendbau und Gewässerpflege. Hannover: Landbuchverlag.

KNAPP, R., 1948: Die Pflanzengesellschaften Mitteleuropas. Stuttgart: Ulmer.

KRÜSSMANN, G., 1965: Die Laubgehölze. 3. Aufl. Berlin, Hamburg: Paul Parey.

KRÜSSMANN, G., 1981: Die Baumschule. 5. Aufl. Berlin, Hamburg: Paul Parey.

KRÜSSMANN, G., 1979: Die Nadelgehölze. 3. Aufl. Berlin, Hamburg: Paul Parey.
KRÜSSMANN, G., 1970: Taschenbuch der Gehölzverwendung. 2. Aufl. Berlin, Hamburg: Paul Parey.
LOOS, J., 1950: Die rechtlichen Grundlagen des Naturschutzes. Krefeld: Goecke und Evers.
LUNDEGARDH, H., 1957: Klima und Boden in ihrer Wirkung auf das Pflanzenleben. Jena: Fischer.
MÜCKENHAUSEN, E., 1957: Die wichtigsten Böden der Deutschen Bundesrepublik. Bad Godesberg: Land- und hauswirtschaftlicher Auswertungs- und Informationsdienst e. V.
OBERDORFER, E., 1949: Pflanzensoziologische Exkursionsflora für Südwestdeutschland. Stuttgart: Ulmer.
OBERDORFER, E., 1957: Süddeutsche Pflanzengesellschaften. Jena: Fischer.
RINDT, O., 1952: Gehölzpflanzungen am fließenden Wasser. Berlin: Verlag Technik.
RUBNER, K., 1953: Die pflanzengeographischen Grundlagen des Waldbaues. Radebeul, Berlin: Neumann.
RUNGE, F., 1980: Die Pflanzengesellschaften Mitteleuropas. Münster: Verlag Aschendorff.
SCAMONI, A., 1954: Waldgesellschaften und Waldstandorte. Berlin: Akademieverlag.
SCAMONI, A., 1955: Einführung in die praktische Vegetationskunde. Berlin: Deutscher Verlag der Wissenschaften.
SCHEFFER, F., & SCHACHTSCHNABEL, P., 1952: Lehrbuch der Agrikulturchemie und Bodenkunde, I. Teil: Bodenkunde. Stuttgart: Enke.
SCHILLER, H., 1958: Gartengestaltung. 2. Aufl. Berlin, Hamburg: Paul Parey.
SCHILLER, H., 1967: Pflanzenwahl für schöne Gärten. 2. Aufl. Berlin, Hamburg: Paul Parey.
SCHILLER, H., 1958: Gartengestaltung. Berlin, Hamburg: Paul Parey.
SCHILLER, H., 1959: Die Verwendung der Pflanzen in Garten und Park. Berlin, Hamburg: Paul Parey.
SCHMEIL, O., & FITSCHEN, J., 1968: Flora von Deutschland, 84. Aufl. Heidelberg: Quelle und Meyer.
SCHNELLE, F., 1955: Pflanzenphänologie. Leipzig: Geest und Portig.
SCHOENICHEN, W., 1940: Biologie der geschützten Pflanzen Deutschlands. Jena: Fischer.
SCHRETZENMAYR, M., & ERFURTH, H., 1957: Taschenbuch der heimischen Bäume und Sträucher. Leipzig, Jena: Urania Verlag.
SCHWICKERATH, M., 1944: Das Hohe Venn und seine Randgebiete. Jena: Fischer.
SEIFERT, A., 1944: Die Heckenlandschaft. Potsdam: Stichnote.
TÜXEN, R., 1937: Die Pflanzengesellschaften Nordwestdeutschlands. Hannover: Engelhardt.
WIEPKING-JÜRGENSMANN, H. FR., 1942: Die Landschaftsfibel. Berlin: Deutsche Landbuchhandlung.
WINKLER, H., 1955: Das Saatgut unserer heimischen Nadel- und Laubhölzer. Radebeul, Berlin: Neumann.

ZANDER, E., 1930: Die Bienenweide, Stuttgart: Ulmer.
ZANDER, E., 1936: Das Leben der Bienen. Stuttgart: Ulmer.
ZANDER, R., 1955: Handwörterbuch der Pflanzennamen. Stuttgart: Ulmer.
ZYCHA, H., RÖHRIG, E., RETTELBACH, B., & KNIGGE, W., 1959: Die Pappel. Hamburg, Berlin: Paul Parey.

Notizen

Notizen

Notizen

Notizen

Notizen